Reinhold Rapp/Kaj Storbacka/Kari Kaario

Strategisches Account Management

Reinhold Rapp/Kaj Storbacka/Kari Kaario

Strategisches Account Management

Mit CRM den Kundenwert steigern

GABLER

Die Deutsche Bibliothek – CIP-Einheitsaufnahme
Ein Titeldatensatz für diese Publikation ist bei
Der Deutschen Bibliothek erhältlich

Aus dem Englischen von Mike Morandin. Die Originalausgabe erschien unter dem Titel
„Create Value with Strategic Accounts" bei Kauppakaari Oyi, Helsinki 1999.
Copyright © Kauppakaari Oyi ja CRM Oy

1. Auflage Februar 2002

Alle Rechte vorbehalten
© Betriebswirtschaftlicher Verlag Dr. Th. Gabler GmbH, Wiesbaden 2002

Lektorat: Manuela Eckstein, Margit Schlomski

Der Gabler Verlag ist ein Unternehmen der Fachverlagsgruppe BertelsmannSpringer.
www.gabler.de

Umschlaggestaltung: Schrimpf & Partner, Wiesbaden
Satz: FROMM MediaDesign GmbH, Selters/Ts.
Druck und buchbinderische Verarbeitung: Wilhelm & Adam, Heusenstamm
Gedruckt auf säurefreiem und chlorfrei gebleichtem Papier
Printed in Germany

ISBN 3-409-11775-X

Vorwort und Danksagung

Die Bedeutung, Rolle und Aufgaben des Vertriebs haben sich in den letzten Jahren entscheidend verändert. In vielen Branchen ist der Vertrieb in den 90er Jahren vom Erfüllungsgehilfen als verlängerter Arm der Produktion zum wichtigen Engpassfaktor geworden. Gleichzeitig haben die meisten Organisationen neue Vertriebswege wie den Verkauf über Call Center, die Kontaktaufnahme über das Internet, die Informationssteuerung über Mobilfunk und den Einsatz von Direkt-Marketing-Maßnahmen forciert. Neben dem traditionellen persönlichen Verkauf werden „Multi-Kanäle" aufgebaut, die es zwar dem Kunden erleichtern mit den Firmen in Kontakt zu treten, es aber dem individuellen Verkäufer schwer machen, die Kundenbeziehung zu erkennen, zu überschauen und entscheidend zu beeinflussen. Der klassische Vertrieb verliert immer mehr an Informations- und Kontaktstärke und droht immer weiter von der Erfüllung seiner ursprünglichen Aufgabe, dem Dreh- und Angelpunkt des Kundenbeziehungsmanagements, entfernt zu werden.

Die Folge sind interne Kämpfe um diese Führungsrolle – „Wem gehört der Kunde?" –, Restrukturierungen und Abbau der Vertriebsfunktionen und eine weit einhergehende Verringerung der Kundenloyalität insbesondere in Business-to-Business-Branchen. Dadurch geht häufig wichtige Kraft zur Zielsetzung und -erreichung verloren und man ist versucht, durch intensivere operative Steuerung und Kontrolle den Wert und die Penetration der Kundenbeziehung wieder zu erreichen. Zumeist erzielt man jedoch das Gegenteil, denn losgelöst eingeführte Technologien, falsche Ziele und Entmündigung durch die Verteilung auf unterschiedliche Kanäle sind kein schlüssiges Erfolgsrezept.

Wichtiger erscheint es, ein systematisches Management der wertvollsten Kundenbeziehungen aufzubauen, bei dem jeder Beteiligte, seien es der Kunde oder die im Vertrieb tätigen Mitarbeiter, klar ihren Wert, ihre Position und ihre Rolle erkennen. Aus vielen Analysen ist bekannt, dass es häufig ein spezieller Teil der Kundenbasis ist, der die profitable Gegenwart bestimmt, und dass es bestimmte Merkmale der potenziellen zukünftigen Gewinnträger gibt. Ebenso wissen wir inzwischen, dass der Umsatz kein zuverlässiger Indikator der Rendite ist. Jedoch sind noch die meisten Vertriebsorganisationen nach Volumen bzw. Regionen ausgerichtet und gesteuert, werden Key Accounts für Großkunden auf- und ausgebaut, die längst nicht mehr rentabel sind und werden wertvolle Kundenbeziehungen vernachlässigt, weil man sich deren nicht bewusst ist oder seine Ressourcen falsch ausrichtet.

Diesen Herausforderungen kann man am besten mit einem strategischen Account Management (SAM)-Programm begegnen, das darauf ausgerichtet ist, durch systematisches Kundenbeziehungsmanagement (CRM) den Wert der Beziehung und des Unternehmens zu steigern. Mittelpunkt der SAM-Betrachtung ist die Kundenbeziehung als ein Vermögenswert, in den investiert werden muss, der so sorgsam wie Finanzanlagen gesteuert wird und wo Veränderungen nach Marktgegebenheiten notwendig sind. Das Vermögen Kunde muss so vermehrt werden, dass es den Unternehmenswert (Shareholder Value) nachhaltig steigert und vor allzu großen Schwankungen bewahrt. Dies erfordert unterschiedliche Aspekte des Wertmanagements.

Erste Voraussetzung ist ein übergreifendes Verständnis, wie das Potenzial der Einnahmen aus einer Kundenbeziehung erkannt, gemessen und verbessert werden kann, insbesondere durch Cross- und Up-Selling-Möglichkeiten. Als **zweite Grundlage** muss ein intensives Verständnis der in der Beziehung entstehenden Kosten aufgebaut werden, um eine erfolgreiche Ressourcenzuordnung und -steuerung auf wirtschaftlicher Basis zu ermöglichen. **Drittes Element** des Wertmanagements ist die Cash-Flow-Betrachtung der Kundenbeziehung, da diese einen direkten Einfluss auf den Shareholder Value hat. Hierzu ist vor allem eine intensive Risikobetrachtung der Kundenbeziehung und der Verteilung innerhalb der Kundenbasis nötig, denn hier straft der Kapitalmarkt Überraschungen sogleich ab. Die Cash-Flow-Betrachtung über einen längeren Zeitraum ist die **vierte Dimension,** die es verdient, näher angeschaut zu werden. Insbesondere Investitionen in die Produktentwicklung zahlen sich nur über längere Zeiträume aus, und es gilt sicherzustellen, dass die Pay-back-Perioden und die Time-to-Market-Abstände immer geringer werden, da ansonsten der in der Beziehung generierte Cash-Flow nicht ausreicht, eine marktnotwendige Rendite aufzuweisen. Zentrales Element in der Kundenanalyse ist die Überprüfung der Bereitschaft der Kunden, für diese Innovationen zu zahlen und neue Ideen zu honorieren. Schlussendlich steht und fällt die gesamte Betrachtung mit der **fünften Perspektive,** der Wertschätzung durch den Kunden. Als wie wertvoll betrachtet er die Kundenbeziehung? Welche der durch uns gelieferten Werte bewertet er höher als die Werte der Konkurrenz? Wie empfindet er seine Loyalität honoriert? Dies sind zentrale Fragestellungen. Damit rückt die Wertgestaltung durch ein systematisches Prozessmanagement der Kundenbeziehung immer weiter in den Vordergrund der unternehmerischen Ausrichtung.

Diese fünf Perspektiven sind Leitmotiv dieses Buches. Dabei haben wir erstmals eine umfassende Analyse über den Stand des strategischen Account Managements erarbeitet, auf dieser Basis ein systematisches Konzept erstellt und für Manager eine Toolbox zusammengestellt, wie SAM sinnvoll und nachhaltig implementiert werden kann. Dazu wird in **Kapitel 1** ein einführender Überblick über das strategische Account Management erstellt. **Kapitel 2** beschäftigt sich mit der finanziellen Betrachtung der Kundenbeziehung und der auf dieser Basis möglichen Selektion von Kunden. Die Ermittlung und die Konsequenzen einer Kundenrentabilitätsbetrachtung für die SAM-Programmgestaltung spielen hier eine zentrale Rolle. Im darauf folgenden **3. Kapitel** behandeln wir organisatorische Fragestellungen wie die der Teamzusammenstellung und der Entlohnung. **Kapitel 4** konzentriert sich auf die Umsetzung und das tägliche Kontakt- und Beziehungsmanagement. Hier zeigen wir vor allem Tools und Ansätze zur Steuerung auf. Im abschließenden **5. Kapitel** geben wir einen kurzen Einblick in die Möglichkeiten der Technologie, um SAM-Programme umzusetzen und informationstechnologisch zu begleiten. Dies ist jedoch Gegenstand vieler spezieller Abhandlungen, sodass wir uns hierbei auf die strategischen und konzeptionellen Überlegungen beschränken werden.

Dieses Buch ist wie alle Werke eine gemeinsame Anstrengung. In diesem Falle beruht ein großer Teil des Wissens auf einer mit unseren Kunden gemeinsam durchgeführten Multi-Client-Studie in Europa (mit Schwerpunkt in Skandinavien), auf den Forschungsergebnissen der Strategic Account Management Association in Chicago, einer Expertenbefragung in den USA und Großbritannien und der Unterstützung und Erfahrung aus unserer Managementberatungsgesellschaft CRM Group. All diesen Personen und Institutionen, deren Aufzählung allein schon seitenfüllend wäre, gehört unser Dank und unsere Anerkennung.

Reinhold.Rapp@crmgroup.com

Kaj.Storbacka@crmgroup.com

Kari.Kaario@crmgroup.com

Inhalt

KAPITEL 1

Strategisches Account Management im Rahmen des CRM

Die Idee eines spezifischen, auf die wichtigsten Kunden zugeschnittenen, Managementsystems ist nicht neu. Das strategische Account Management (SAM) ist schon seit langem ein von der Praxis anerkanntes und breit genutztes Konzept. Strategische Accounts lassen sich als diejenigen Kunden definieren, die einem Unternehmen den höchsten Kundenwert bieten. Dieser Kundenwert kann dabei unterschiedlich verstanden werden. Ein Kunde kann Wert bringen in Form von **Wirtschaftserträgen,** wie zum Beispiel Umsatz, Rentabilität usw., oder in Form von **zukünftigem Geschäftspotenzial**. Ebenso kann ein Kunde einen **Lehrwert** bieten, indem er dem Lieferanten die Möglichkeit gibt, an innovativen Projekten teilzunehmen und die Probleme des Kunden kennen zu lernen. Dadurch ergeben sich neue Potenziale zum Ausbau seiner Geschäftstätigkeit. Ein weiterer Aspekt des Kundenwertes ist der **Referenzwert**. Hierbei wird der Kunde als Kontaktkanal zu neuen Geschäftsbeziehungen gesehen. Schließlich kann der Kunde auch einen **strategischen Wert** bieten, indem er den Zugang zu neuen Märkten herstellt, bereits erreichte Positionen festigt oder eine Markteintrittsbarriere für neue Wettbewerber bildet.

Das Konzept des strategischen Account Managements steht direkt in Verbindung mit dem allgemein akzeptierten Geschäfts- und Marketinggrundsatz, der besagt, dass ein Unternehmen 80 Prozent seiner Erträge mit 20 Prozent seiner Kunden erwirtschaftet. Dementsprechend wird es als strategisch notwendig und in vielen Fällen längst überfällig angesehen, die mit diesen 20 Prozent der Kunden erwirtschafteten Erträge durch ein gezieltes Programm zu maximieren, das auf die spezifischen Anforderungen und Erwartungen eben dieser Kunden zugeschnitten ist.

Strategisches Account Management ist integraler Bestandteil der unternehmensinternen Customer-Relationship-Management-Aktivitäten, kurz CRM-Aktivitäten, und übt sowohl eine erhaltende als auch eine treibende Funktion innerhalb des Unternehmens aus.

Einerseits generieren Unternehmen einen Großteil ihres Umsatzes mit strategischen Accounts, sodass sich Aktivitäten im Bereich des strategischen Account Managements auf die Tragfähigkeit des gesamten Unternehmens auswirken. Andererseits treibt die enge Zusammenarbeit mit strategischen Accounts durch die Nutzung ihres Lern- und Referenzpotenzials auch die Entwicklung und Ausbildung neuer Ressourcen und Geschäftstätigkeiten voran. Somit trägt die Art und Weise, wie SAM-Aktivitäten durchgeführt werden, zum Wettbewerbsvorteil der Firma bei und steigert letztlich den Shareholder Value. So gesehen geht es bei SAM um nichts anderes, als sich um die besonders lukrativen Kunden intensiver und systematischer zu kümmern.

Es ist also sinnvoll, den wichtigsten Kundenbeziehungen besonderes Augenmerk zu schenken und bei deren Betreuung einen systematischen Ansatz zu verfolgen. Die Kundenbasis eines Unternehmens entwickelt sich ständig weiter und muss zur Bestimmung des aktuellen Stands der Kundenbeziehungen und zur Ermittlung möglicher neuer und potenzieller strategischer Accounts beobachtet werden. Doch auch wenn einer Konzentration auf die wichtigsten Kundenbeziehungen eine bezwingende Logik zu Grunde liegt, muss ein Unternehmen auch weiterhin über effiziente Verkaufs- und Marketingprozesse für diejenigen Kunden verfügen, die nicht im engeren Sinne zu den strategischen Accounts gehören. Da SAM-Aktivitäten sehr investitionsaufwendig und ressourcenintensiv sind, ist es für Unternehmen weder möglich noch vernünftig, derartige Anstrengungen für das Management aller Kundenbeziehungen auf sich zu nehmen. Die SAM-Prozesse und die für die übrigen Kunden eingesetzten Management-Prozesse können sich jedoch teilweise überschneiden. Ein Strategieprozess kann zum Beispiel die Aktivitätsanalyse und die Zielvorgaben sowohl für die strategischen Accounts als auch für die anderen Kundengruppen abdecken. Für die allgemeinen Kunden können Standardprozesse formuliert werden, für strategische Accounts hingegen müssen für die Intensivierung der Beziehungen und das Erkennen und Umsetzen von zusätzlichen Geschäftschancen wesentlich differenziertere Prozesse geschaffen werden. In diesem Buch werden die Kernpunkte des Managements strategischer Accounts herausgearbeitet, sowie Richtlinien und Tools für diese Aufgabe zur Verfügung gestellt.

Vor dem Hintergrund ihrer eigenen zunehmenden Globalisierung verlangen Kunden auch von ihren Zulieferern verstärkt globale Serviceleistungen. Dabei erwarten sie für all ihre internationalen Tochtergesellschaften dasselbe Maß an Service. Mit dem Wachstum von Unternehmen wird die Koordination der internen Aktivitäten immer schwieriger – dies umso mehr, wenn an unterschiedlichen Standorten auf viele verschiedene Zulieferer für dieselben Serviceleistungen zurückgegriffen werden muss. Kunden äußern daher zunehmend den Wunsch, dieselben Serviceleistungen unternehmensweit aus einer Hand zu beziehen.

Bei globalen Kunden kommt es auf Grund ihrer Größe und Komplexität oft vor, dass ein Unternehmensbereich nicht weiß, was der andere tut. Ein SAM-Programm kann diesen Kunden durch die unternehmensweite Koordinierung ähnlicher Aktivitäten dabei helfen, den Überblick über die aktuellen Geschäftsvorgänge im eigenen Unternehmen zu wahren. Manchmal kommt es sogar vor, dass der Account Manager besser über die Vorgänge im Unternehmen eines Kunden informiert ist als der Kunde selbst. So gesehen ermöglicht es SAM den Unternehmen, sich eher kundenbezogen als landesspezifisch auszurichten. Das vorliegende Buch wird nicht näher auf Einzelfragen des Global Account Managements (GAM) eingehen, da die hier beschriebenen SAM-Praktiken auch auf das Management eines globalen Kundenkreises übertragen werden können.

Um die Wertschöpfung in strategischen Account-Beziehungen zu verbessern, müssen Unternehmen sich aufmerksam mit Managementfragen auf den verschiedenen Aktivitätsebenen – zum Beispiel der täglichen Kontakt-, der mittelfristigen Beziehungs- und der übergreifenden Gesamtunternehmensebene – auseinander setzen und Beziehungsprozesse entwerfen, die nahtlos ineinander greifen. Dabei sollten sie dem proaktiven Management strategischer Accounts den Vorzug geben, anstatt nur auf mehr oder weniger akut auftretende Probleme zu reagieren. Dies erfordert die Entwicklung von Tools und Prozessen auf allen Aktivitätsebenen zur Förderung des Opportunity Managements. Ziel des strategischen Account Managements ist es folglich, eine proaktive Herangehensweise bei den strategischen Account-Beziehungen zu verfolgen und sicherzustellen, dass Unternehmen das Gesamtpotenzial vorhandener Beziehungen nutzen, indem zusätzliche Geschäftschancen identifiziert werden. Zudem ist es ein Ziel von SAM, sicherzustellen, dass der Kunde die Beziehung zum Lieferanten für wertvoll erachtet, weil sie ihn beim Erreichen seiner Ziele und bei seinen Geschäftsprozessen unterstützt.

Die Bedeutung strategischer Accounts nimmt zu

Das Bedürfnis nach mehr Effizienz und Effektivität im Umgang mit Kundenbeziehungen ist die treibende Kraft, die hinter den Investitionen in das Customer Relationship Management und folglich auch in das strategische Account Management steht. Die bislang zur Effizienzsteigerung interner Prozesse entwickelten Prozess-Tools (wie TQM und Reengeneering-Maßnahmen) können auch auf das Management von Kundenbeziehungen übertragen werden. Der Fokus im modernen Management verschiebt sich allerdings zweifelsohne auf die Beziehungen zu anderen Akteuren im Markt, womit sowohl Kunden als auch Zulieferer gemeint sind. Die neuen Prozess-Tools, die Entwicklung von CRM, IT-Lösungen und die sich rasch verändernde Geschäftswelt erfordern und ermöglichen es zugleich, dass Unternehmen ihre Fähigkeiten im Bereich des strategischen Account Managements entscheidend weiterentwickeln.

Zu den wichtigsten treibenden Kräften bei der Entwicklung von SAM-Programmen zählen:

- die steigende Komplexität des Leistungsangebots,
- die Konzentration der Märkte auf Käufer- und Verkäuferseite,
- die Internationalisierung und Globalisierung sowohl der Kunden als auch der Lieferanten,
- die wachsende Komplexität der Kontaktmuster (verschiedene Hierarchiestufen, Produktbereiche, Funktionen und Regionen),
- die Entwicklung von klar definierten Einkaufsprozessen,
- die veränderte Rolle der Vertriebsmitarbeiter,
- die Entwicklung von Technologien für das Customer Relationship Management.

Komplexität des Leistungsangebots

Die Leistungsangebote sind in vielen Branchen sehr komplex geworden und bestehen oft aus mehreren Leistungskomponenten (Waren-, Service- und Informationskomponenten). Angebote werden in zunehmendem Maße zu Systemen, die sich aus einer Vielzahl von Leistungskompetenzen und Leistungskomponenten zusammensetzen. Da nur sehr wenige Mitarbeiter all diese im Angebot enthaltenen Kompetenzen beherrschen können, ergeben sich dadurch wesentlich komplexere Einkaufs- und Vertriebsfunktionen.

Die Konzentration der Märkte auf Käufer- und Verkäuferseite

Die Konzentration von Käufern und Verkäufern ist eine weitere Kraft, die das Geschäftsumfeld der Unternehmen verändert hat. Die jüngste Fusions- und Übernahmewelle hat bei vielen Unternehmen zu einer drastischen Größenzunahme geführt. Gleichzeitig haben viele Großunternehmen die Zahl ihrer Leistungsangebote erhöht (darum geht es ja logischerweise bei Fusionen und Übernahmen!). Auf Grund des vielfältigen Produktumfelds ist es normal, dass die Vertriebsprozesse des verkaufenden Unternehmens nach Produktsparten organisiert sind. Diese Produktsparten wiederum verfügen oft über eigene Vertriebsmitarbeiter und all diese Vertriebsstrukturen können mit ein und demselben Kunden zu tun haben. Folglich ist es sowohl vom Standpunkt des Käufers als auch des Verkäufers erforderlich, diese komplexe Situation gut unter Kontrolle zu haben.

Die Internationalisierung und Globalisierung

Fusionen und Übernahmen führen oft zu multinationalen oder globalen Unternehmen. Mit dieser zunehmenden Globalisierung der Kunden müssen auch die Zulieferer nachziehen und sich an den veränderten Bedürfnissen ausrichten. Die Kunden könnten sonst ihre gesamten Geschäfte einem Wettbewerber übertragen, wenn ihre gewohnten Zulieferer keine globalen Serviceleistungen bieten können. Eine Firma sollte anfangen, sich Gedanken über das Management ihrer Global Accounts zu machen, wenn sich abzeichnet, dass die für die Globalisierung einer Branche ausschlaggebenden Treiber das Potenzial für ein erfolgreiches, weltweites Geschäft eröffnen. Zu diesen Treibern gehören beispielsweise

- globale Kunden,
- globale Kontaktkanäle,
- übertragbare Marketingstrategien,
- globale Degressionsgewinne,
- hohe Produktentwicklungskosten,
- sich rasch ändernde Technologien und
- globale Wettbewerber.

Je nach Branche können einer oder wenige dieser Treiber genügen, um eine Umsetzung des strategischen Account Managements auf globaler Ebene zu rechtfertigen.

Die Vielschichtigkeit der Kontaktmuster

Multinationale Kunden erwarten von ihren Zulieferern ein weltweit einheitliches Service- und Warenangebot. Diese Internationalisierung führt zu multinationalen Teams – sowohl beim Lieferanten als auch beim Kunden – sowie zur Entstehung immer komplexerer Kontaktmuster.

In dem Maße, wie Unternehmen durch Fusionen und Übernahmen an Größe gewinnen, offerieren sie denselben Kunden auch eine immer größere Produktpalette. Zum Management ihrer Kontakte sind sie gezwungen, sich in funktionsübergreifenden Teams zu organisieren, die gegebenenfalls auch Mitarbeiter aus vielen verschiedenen Hierarchieebenen des Unternehmens umfassen. Alles in allem besteht ein immer größerer Bedarf an einem einheitlichen Management strategischer Account-Beziehungen.

Es liegt auf der Hand, dass die Konzentration auf den Shareholder Value auch Druck auf Vertrieb und Marketing ausübt. Aus dem zunehmenden Zwang, steigende Gewinne zu erwirtschaften, ergibt sich der Druck, die Einkaufskosten zu senken, und der Wunsch, Zulieferer für die Erschließung neuer Markt- und Entwicklungschancen zu nutzen. Die traditionelle Sichtweise des Vertriebs, nämlich ausschließlich eine reine Verkaufsorganisation zu sein, ist überholt.

Die Entwicklung von klar definierten Einkaufsprozessen

Beim Einkauf zeichnet sich die Entwicklung ab, dass Entscheidungen sowohl zentral als auch dezentral getroffen werden. Einerseits konzentriert man sich zunehmend auf die Schaffung unternehmensweiter und allgemeiner Spezifikationen für die Einkaufsaktivitäten. Andererseits fallen die tatsächlichen Kaufentscheidungen immer häufiger innerhalb der einzelnen Sparten. Da den Langzeitauswirkungen von Kaufentscheidungen immer mehr Bedeutung beigemessen wird, wird es außerdem immer wichtiger, mehrere Managementebenen in die Entscheidungsfindung mit einzubeziehen.

Seit die Unternehmen sehr stark in die Entwicklung ihrer Geschäftsprozesse investiert haben, haben sie auch die Notwendigkeit erkannt, ihre Einkaufsprozesse und ihre Zusammenarbeit mit den Zulieferern weiterzuentwickeln. Einkäufer fangen an, sich um mehr Effizienz in der vorgelagerten Zusammenarbeit zu bemühen, indem sie die Zahl der Zulieferer reduzieren und durch bessere Planung in Zukunft enger mit ihnen zusammenarbeiten. Auf Grund des zunehmenden Zeitdrucks bei Geschäftsprozessen geht die Tendenz dahin, die Anzahl der Vertriebsinteraktionen zu senken. Dies wiederum führt zur bewusst verfolgten

Geschäftspolitik, die Anzahl der Zulieferer zu verringern und dabei jene auszuwählen, die strengen Leistungskriterien bei Timing und Qualität genügen und in der Lage sind, zum Beispiel ihre IT- und Logistikprozesse zu integrieren.

Die veränderte Rolle der Vertriebsmitarbeiter

Immer mehr setzt sich die Einsicht durch, dass der Vertrieb nicht einzig und allein vom guten Vertriebsmitarbeiter abhängen darf, der äußerst schwierig zu finden ist. Man erkennt, dass auch die Entwicklung von Techniken und Systemen notwendig ist, die das Vertriebspersonal bei seiner Arbeit unterstützen. Da die Kundenbeziehungen auf Grund der oben genannten Aspekte immer komplexer werden, wird auch das strategische Account Management vielschichtiger, das heißt mehr Personen mit unterschiedlichen Funktionen im Unternehmen umfassen. Somit befindet sich die Rolle des Vertriebsmitarbeiters im Wandel, und die Anforderungen an ein effizientes Teammanagement werden weiter steigen.

Die Entwicklung von Technologien für das Customer Relationship Management

Als Antwort auf die oben beschriebenen Herausforderungen suchen die Unternehmen nach neuen IT-Tools, die das Management komplexer Beziehungen ermöglichen. Sämtliche Hauptakteure in der IT-Branche sehen im Customer Relationship Management einen ihrer wichtigsten Wachstumsbereiche, weshalb eine immer größere Zahl an Lösungen angeboten wird. Diese Lösungen unterstützen Lieferanten beim Kundenbasismanagement und bei der Kundenbasisanalyse, beim Data Mining, beim Erstellen und Verwalten von Informationsdateien über Kundenbeziehungen, bei Sales Force Automation und Customer Service Automation, bei der Account-Planung und der Account-Beziehungsmetrik. IT-Unternehmen sind ununterbrochen mit der Entwicklung integrierter Lösungen beschäftigt, doch vollintegrierte Lösungen sind bislang noch schwer zu finden. In naher Zukunft jedoch werden integrierte Lösungen alle Ebenen des strategischen Account Managements und alle Mitarbeiter mit Kundenkontakten unterstützen.

Vom Sales Management zum strategischen Account Management

Kerngedanke beim strategischen Account Management – wie auch bei jeder anderen Ausprägung des Customer Relationship Managements – ist, vom Wertsteigerungsprozess des Kunden auszugehen: Welches Ziel hat der Kunde? Welche Produkte und Leistungen möchte er anbieten? Wie funktioniert sein Wertsteigerungsprozess ...? Die Entwicklung von Kundenbeziehungen erfordert eine große Vertrautheit mit und ein tiefgehendes Verständnis für die Prozesse, mit denen der Kunde bei seinen Geschäftsaktivitäten Wert generiert. Betrachtet man den Wertsteigerungsprozess des Kunden als Ganzes, so verringert sich die Bedeutung einzelner Kundeneinkäufe. Dies impliziert eine Verlagerung von der Welt des einfachen „Verkaufens" hin zur Welt des „Relationship Managements". Es ist nicht Ziel des Relationship Managements, die Einnahmen aus einzelnen Kundeneinkäufen zu maximieren, sondern vielmehr eine dauerhafte Beziehung zum Kunden aufzubauen. Der zu Grunde liegende Gedanke ist, dass beide Seiten ihre Prozesse aufeinander abstimmen sollten, sodass für beide eine Wertsteigerung erreicht werden kann. Bei diesem Denkmodell gründet der Wettbewerbsvorteil also nicht auf der Wettbewerbsfähigkeit beim Preis, sondern auf der Fähigkeit eines Unternehmens, zur Wertsteigerung seiner Kunden beizutragen.

Es ist wichtig, die Kundenbeziehungen als Prozesse zu sehen, weil dies die Möglichkeiten vermehrt, neue Geschäftschancen innerhalb der Kundenbeziehungen zu entdecken. Voraussetzungen für erfolgreiche Beziehungen sind eine wirkliche Interaktion und das Ziel, Benefits für beide Seiten zu schaffen. Mit anderen Worten beinhaltet die Fokussierung auf Kundenbeziehungen bei der Wahrnehmung und Gestaltung der Beziehungen eine Verlagerung des Schwerpunkts von einer Situation gegensätzlicher Positionen hin zur Betonung des gegenseitigen Nutzen. Ziel ist nicht mehr nur schlicht die „Kundennähe", sondern vielmehr ein „Leben" mit dem Kunden. Dieses Leben mit dem Kunden eröffnet einen Zugang zu seiner Welt und vermittelt ein tiefgehendes Verständnis für seine Wertsteigerungsprozesse.

Kundenbeziehungen wurden früher gewohnheitsmäßig als eine Serie von einzelnen Einkaufsereignissen gesehen. Glaubt man an eine „Welt des Einkaufs" bei B2B-Kundenbeziehungen, so geht man davon aus, dass die Einkaufsabteilung des Kunden den Wertsteigerungsprozess im eigenen Unternehmen am besten kennt. Die Einkaufsabteilung definiert die Bedürfnisse so spezifisch wie möglich und versucht, Marktakteure zu finden, die in der Lage sind, diese spezifischen Vorgaben zu erfüllen. Ein Unternehmen, das akzeptiert, in einer Welt des Einkaufs zu agieren, muss diese Kundenvorgaben annehmen und seine Produkte auf Anfragebasis anbieten. Die Kundenvorgaben sind oft sehr genau spezifiziert, um einen Preisvergleich zu ermöglichen. Dabei wird der Preis zum einzigen Unterscheidungsmerkmal zwischen Wettbewerbern in der Kundenbeziehung. Demzufolge befassen sich Einkauf und Vertrieb hauptsächlich mit Fragen der Preisgestaltung.

Beim strategischen Account Management müssen sich die Unternehmen damit auseinander setzen, wie sie ihren Kunden ihre gesamte Kompetenz zur Unterstützung des Wertschöpfungsprozesses vermitteln können. Diese Kompetenz kommt in der Welt des Einkaufs zumeist nicht zur Geltung, da die Kommunikation einseitig erfolgt und keiner der beiden Kommunikationspartner (weder Käufer noch Verkäufer) den ganzen Wissensumfang seiner Seite mit einbringt. Ziel ist es daher, die Prozesse des Kunden und des Unternehmens so gut aufeinander abzustimmen, dass die daraus resultierende Effizienzsteigerung signifikant höhere Einsparungen ermöglicht als dies durch Preisnachlässe möglich wäre, die von der Einkaufsabteilung des Kunden ausgehandelt werden. Nur so ist es möglich, sich in Richtung wirklich kundenorientierter Geschäftsprozesse zu entwickeln.

Grundzüge des strategischen Account Managements

Warum sollte ein Unternehmen in SAM-Maßnahmen investieren? Das höchste Ziel des strategischen Account Managements ist es, zu den wichtigsten Kunden starke Beziehungen zur langfristigen Sicherung der Kundenloyalität aufzubauen. Der Kernpunkt des strategischen Account Managements ist, sämtliche Kundenbeziehungen proaktiv anzugehen und sicherzustellen, dass

- Lieferanten das vorhandene Potenzial in den bestehenden Beziehungen voll ausschöpfen, wenn es darum geht, zusätzliche Geschäftschancen zu ermitteln, und

- Kunden die Beziehung als wertvoll erachten, weil sie sie bei ihren eigenen Zielen und Prozessen unterstützt.

Da strategische Accounts sowohl aus gewinnorientierter als auch aus strategischer Sicht wichtig sind, ist der Stellenwert der oben erwähnten Ziele noch höher einzustufen. Kunden, die den Status eines strategischen Accounts besitzen, sind sich oft auch ihrer besonderen Bedeutung für den Lieferanten bewusst. Folglich ist die Beziehung zwischen Kunde und Lieferant bestenfalls symmetrisch. Oft ist sie jedoch als asymmetrisch einzustufen, da der Kunde eine größere Macht über den Lieferanten besitzt als umgekehrt.

Daraus ergibt sich das Risiko, dass der Lieferant womöglich in eine Beziehung gezwungen wird, in der der Kunde den Lieferanten nach seinem eigenen Gutdünken steuert und in ein Abhängigkeitsverhältnis bringt. Die Kernfrage aus der Perspektive des strategischen Account Managements ist folglich, ob man als Lieferant selbst steuern will oder ob man sich vom Kunden steuern lassen soll! In diesem Buch wird der Standpunkt vertreten, dass zur Wahrung stabiler Kundenbeziehungen der Lieferant für die Entwicklung der Kundenbeziehung verantwortlich ist. Eine Strategie, die vom Kunden erwartet, die Verantwortung für die Entwicklung der Geschäftsbeziehung zu übernehmen, ist nicht realisierbar. Überträgt man diese Verantwortung tatsächlich auf den Kunden, geht man ein hohes Risiko ein, dass der Kunde den Lieferanten steuert.

Wertsteigerung bei Kunden und bei Lieferanten

Strategisches Account Management sollte sowohl beim Lieferanten als auch beim Kunden zu einer Wertsteigerung führen. Im Folgenden wird auf diese beiden Aspekte eingegangen.

SAM aus Kundensicht – die drei Wert-Ebenen in der Kundenbeziehung

Aus Sicht des Kunden sollte SAM dessen Fähigkeit erhöhen, seinen eigenen Wert zu steigern. Da die Kunden den Wert eines Leistungsangebots zum Zeitpunkt des Einkaufs anders wahrnehmen als während der Nutzung, sollte eine Wertanalyse auf verschiedenen Ebenen erfolgen, nämlich auf der **Kontakt-,** der **Beziehungs-** und der **Gesamtebene.**

Kontaktebene

Die Kontaktebene bezieht sich auf die Situation des Einkaufs, bei der der Kunde eine Auswahl treffen muss, zwischen verschiedenen Angebotsalternativen zu unterscheiden hat und zwischen diesen Präferenzen setzen muss. Folglich spielen in der Einkaufssituation die Qualitätsmerkmale des Leistungsangebots bei der Einschätzung des vom Lieferanten angebotenen Werts eine bedeutende Rolle. Dies gilt gleichsam für alle Kontaktarten: Kunden tendieren dazu, sich auf den unmittelbaren Wert des Austausches zu konzentrieren. Zur Steigerung dieses Tauschwertes können Lieferanten die Treffen mit dem Kunden einer systematischen Überarbeitung unterziehen, zum Beispiel indem sie im Vorfeld ein Skript erstellen, mit dessen Hilfe sich Kundenbedenken gezielt ausräumen lassen, indem der Inhalt der Begegnung (die Tauschkomponenten) abgeändert wird oder die Begegnung in andere, vom fraglichen Account bevorzugte Kanäle verlagert wird.

Beziehungsebene

Die Beziehungsebene betrifft die Zeit nach dem Einkauf. Nachdem die Einkaufsentscheidung gefällt wurde und während der tatsächlichen Nutzung des Angebots, befasst sich der Kunde mehr mit der Leistung des gewählten Produkts im Rahmen seines eigenen Wertsteigerungsprozesses. Demzufolge wird der Kunde die Beziehung als Ganzes bewerten und eher verstehen wollen, wie gut das Angebot und der Prozess des Lieferanten ihn in seinem eigenen Wertsteigerungsprozess unterstützen. Im Interesse der Wertsteigerung sollte sich der Lieferant darauf konzentrieren, das Angebot bzw. den Beziehungsprozess neu zu entwerfen. Der Schwerpunkt bei einer solchen Entwicklungsanstrengung sollte auf der Unterstützung des Kunden bei der Erreichung seiner Ziele liegen, indem man den Angebotsinhalt (Waren, Service, Information) ändert, alternative Preissysteme einführt oder den Beziehungsprozess verbessert, zum Beispiel durch eine Erhöhung oder Verringerung der Begegnungen.

Gesamtebene

Auf der Gesamtebene schließlich wird der Kunde auch verstehen wollen, in welchem Maße die Beziehung mit dem Lieferantenunternehmen ihn beim Erreichen seines Gesamtziels oder seiner Mission hilft. Die Wertsteigerung auf dieser Ebene ist eine wichtige strategische Frage, die eine völlige Umgestaltung des Wertsteigerungssystems, innerhalb dessen der Lieferant und der Kunde agieren, nach sich ziehen kann. Der Lieferant strebt womöglich nach einer neuen Position innerhalb des Systems oder nach strategischen Allianzen und Partnerschaften mit Unternehmen, die in der Lage sind, den Wertsteigerungsprozess des Kunden zu unterstützen. Durch Allianzen können die Akteure ihre Angebote bezüglich Kontext, Inhalt und Timing koordinieren.

SAM aus Lieferantensicht – die drei Imperative

Aus Sicht des Lieferanten lautet das Ziel, wertvolle Kunden auszuwählen, ihren Wert zu steigern und zu erhalten. In diesem Buch wird beschrieben, wie man strategische Accounts auswählen und die Follow-up- und Planungsprozesse zum Erhalt dieser wichtigen Kundenbeziehungen gestalten sollte. Diese Themen werden in den Kapiteln 2 und 4 eingehend behandelt.

Es gibt eine Reihe von zentralen Elementen, die bei SAM zur Wertsteigerung unbedingt gegeben sein sollten: der Aufbau einer (operativen) Plattform, die systematische Identifizierung von Geschäftschancen und die dauernde Unterstützung der Wertsteigerung bei strategischen Account-Beziehungen. Betrachtet man das strategische Account Management aus Sicht eines Managers, so geht es dabei um Managementfragen auf zwei Ebenen: der Ebene des Programm-Managements und der Ebene des Beziehungs- und Opportunity-Managements. Abbildung 1 zeigt die Hauptelemente von SAM.

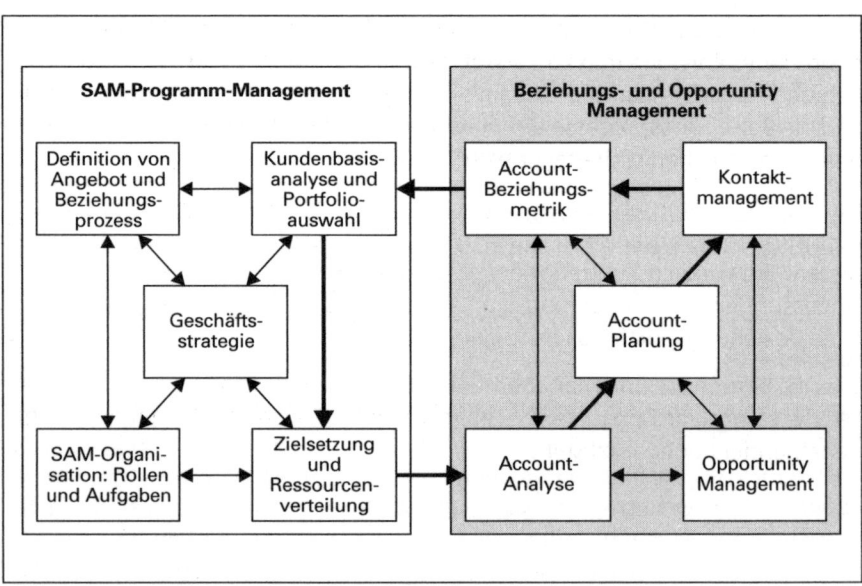

Abbildung 1: Die Plattform des strategischen Account Managements

Schaffen Sie eine Plattform zur Wertsteigerung!

Grundsätzlich benötigt man eine Plattform, welche die für die strategischen Accounts verantwortlichen Personen zusammenführt und SAM-Aktivitäten systematisiert, erleichtert und fördert, indem sie Tools für diese Aufgaben bereitstellt. Die Hauptaufgaben beim Aufbau einer solchen Plattform sind

- die Auswahl der richtigen Kunden,
- die Entwicklung eines für die strategischen Accounts geeigneten Angebots und
- der Entwurf von Beziehungsprozess-Modellen.

Ferner benötigt SAM ein Führungsmodell, das die programmspezifischen Rollen innerhalb der Kundenbeziehungen, die konkreten Aufgaben und die Vergütungsformen definiert. Nicht gefragt sind unflexible und lähmend wirkende Tools und Managementprozesse, die die Kreativität und innovative Chancensuche bei den Kundenbeziehungen hemmen. Dennoch wird eine gewisse gemeinsame Basis an Tools und SAM-Prozessen für das Management strategischer Accounts auf der Ebene der Kundenbasis benötigt.

Der erste Ausgangspunkt bei SAM ist die Definition der Geschäftsstrategie. Dazu muss ein Unternehmen eine gründliche Analyse seiner Kundenbasis vornehmen und sie in Beziehungsportfolios einteilen, zum Beispiel gemäß der Rolle des Lieferanten im Kundenprozess und der Charakteristika der Account-Beziehung. Jedes Portfolio muss als Asset verwaltet werden. Dazu muss das Unternehmen für jedes Portfolio einen eigenen Wertsteigerungsvorschlag erstellen und die Beziehungsprozesse definieren, mit denen sich die dem Kunden gegebenen Versprechen einhalten lassen.

Die meisten Unternehmen sind nicht nach Kundenbeziehungen oder Beziehungsportfolios organisiert, sondern vielmehr nach Produkten oder Absatzgebieten. Ein wirklich kundenorientiertes Unternehmen muss organisatorische Anpassungen vornehmen und die Verantwortlichkeiten für die unterschiedlichen Beziehungsportfolios festlegen.

Was die Befugnisse und Managementprozesse für jedes Portfolio betrifft, müssen die Verantwortungsbereiche, ebenso wie die Rollen und Aufgaben, klar gegeneinander abgegrenzt sein.

Der Grund für das ganze Programm war, dass die größeren Kunden unserer Ansicht nach nicht den von ihnen benötigten Service erhielten. Da wir unterschiedliche Vertreter für die verschiedenen Regionen hatten, kam es zu beträchtlichen Abweichungen bei Service, Preisen und sogar Produkten. Unser Hauptziel war es deshalb, eine höhere Übereinstimmung bei unseren Lieferungen zu erreichen und größeren Kunden gegenüber einheitlich aufzutreten. Das war einzig und allein durch unternehmensweite Anstrengungen machbar und deshalb riefen wir das Account Management Programm ins Leben.

Hersteller von industriellen Sicherheitssystemen

Erkennen Sie die Chancen zur Wertsteigerung!

Auf Beziehungsebene zum jeweiligen Einzelkunden geht es darum, diese Beziehung systematisch zu entwickeln und zu verbessern. Das wichtigste Tool in diesem Zusammenhang ist der Account-Plan, der dazu dient, **Geschäftschancen** in der Beziehung **systematisch zu erkennen** und die zu ihrer Nutzung erforderlichen Maßnahmen zu planen. Durch die systematische Planung von Beziehungen ist das strategische Account Management in der Lage, die Ressourcen für die wichtigsten Geschäftschancen bereitzustellen und die Kunden für die erforderlichen Maßnahmen zu gewinnen.

Neben der Planung muss das strategische Account Management kontinuierlich überprüft werden. Hier ist SAM-Metrik gefragt, Messungen und Indizes zur Erfolgsbewertung der strategischen Account-Beziehung! Finnair zum Beispiel setzt bei seinen eigenen Account-Management-Prozessen eine zweidimensionale Matrix zur Bewertung der Kundenbeziehungen ein. Die wichtigsten von Finnair eingesetzten Dimensionen sind Beziehungsstärke und Rentabilität der Kundenbeziehung.

In jedem Portfolio sollte es zu einem kontinuierlichen Prozess der Aktivitätsplanung und -ausführung bezüglich der im betreffenden Portfolio enthaltenen Kundenbeziehungen kommen („Activity Stream"). Besteht das Portfolio aus strategischen Accounts, müssen die Account-Pläne für jeden Kunden einzeln entwickelt werden. Ist der Wert der einzelnen Kunden im Portfolio gering, muss das Unternehmen Prozesse entwickeln, mit deren Hilfe ganze Gruppen von Kundenbeziehungen innerhalb eines Portfolios verbessert werden können. Die Planung ist erforderlich, um eine optimale Ressourcenverteilung zu gewährleisten und die Möglichkeiten zur Wertsteigerung zu nutzen (Opportunity Management). Opportunity Management bezieht sich darauf, die Geschäftschancen eines Unternehmens so zu steuern, dass sowohl eine Wertsteigerung für den Kunden erzielt als auch das Ertragspotenzial in jeder Kundenbeziehung genutzt wird.

Unterstützen Sie die Wertsteigerung!

Die Bewährungsprobe für alle SAM-Programme ist die Art und Weise, mit der alle Kontakte innerhalb der Account-Beziehung gestaltet werden. Ein erfolgreiches SAM-Programm verwaltet alle Kontaktpunkte ("Touchpoints") mit dem Kunden: die während dieser Kundenkontakte ausgeführten Maßnahmen, die Kommunikation vom und zum Kunden und die Koordination der die verschiedenen Kundenkontakte erzeugenden Prozesse.

Die Kontaktmuster für strategische Account-Beziehungen sind im Allgemeinen sehr komplex und umfassen alle Funktionen des Zulieferers: Management, Produktentwicklung, Marketing, Vertrieb, Service, interne Unterstützungs-(Back-up-)Prozesse, Verwaltung usw. Um die Wertsteigerung des Kunden effizient zu gestalten, müssen alle Kontaktpunkte zum Kunden koordiniert und systematisch verwaltet werden. Dazu muss die Organisation des Teams, das für das Management der Kundenbeziehung zuständig ist (das so genannte Account Team), gut koordiniert sein. Das Team muss sich der Ziele und erforderlichen Maßnahmen in der strategischen Account-Beziehung im Klaren sein. Die auf Führungsebene geknüpften Kontakte sollten zur zusätzlichen Stärkung der Kundenbeziehung und als Tool zur Chancenermittlung eingesetzt werden. Follow-up, Auswertung und Entwicklung operativer Prozesse sind ebenso erforderlich. Bei erfolgreichen strategischen Account-Management-Programmen wird der Ablauf der wichtigsten Kontakte (der kritischen Kontakte) üblicherweise mithilfe eines Skripts genau geplant, um einen einzigartigen und wertsteigernden Kontakt mit dem Kunden zu gewährleisten.

Strategisches Account Management muss durch ein Kommunikationsprogramm unterstützt werden. Da die Hauptaufgabe von SAM darin besteht, die Wertsteigerung des Kunden zu unterstützen, liegt es auf der Hand, dass der Kunde zum besseren Verständnis, wie er seine Rolle in der Beziehung wahrnehmen soll, ein "Drehbuch" benötigt. Das zentrale Kommunikationstool in diesem Zusammenhang ist der Account-Plan, der beispielsweise durch eine Extranet-Lösung technologisch unterstützt werden sollte, die dem Kunden alle beziehungsrelevanten Details zur Verfügung stellt. Bei allen Kundenkontakten gibt es einen bedeutenden kommunikativen Aspekt, weshalb es zur Gewährleistung des Kommunikationserfolgs notwendig ist, den Ablauf der einzelnen Treffen zu planen und festzulegen. Die Kommunikation sollte durch eine strategische Account-Beziehungsdatei unterstützt werden, in der alle Arten der Kundenkommunikation aufgezeichnet werden.

Eine wichtige Aufgabe beim strategischen Account Management ist es, die Wertsteigerung, die beim Kunden durch die Beziehung mit dem Lieferanten erreicht wird, zu quantifizieren. Diese Quantifizierung sollte in monetären Größen erfolgen, damit der Kunde die in der Beziehung erzielte Wertsteigerung, ausgedrückt in Zeit- und Geldersparnis, als Ausgleich für seinen erbrachten Einsatz wahrnimmt. Da die meisten strategischen Accounts in einem Umfeld mit mehreren Kundenkontaktkanälen betreut werden, muss SAM eine Kommunikationsstrategie beinhalten, die das Design der Botschaften, die optimale Nutzung der Kommunikationskanäle und eine genaue Zeitplanung umfasst.

Strategisches Account Management generiert Shareholder Value

Die Schaffung von Shareholder Value ist ein Wirtschaftsklischee der 90er Jahre, ein bei jeder Jahreshauptversammlung und in allen Jahresabschlussberichten feierlich verkündetes Mantra. Doch trotz der vielen Worte haben nur wenige eine klare Vorstellung, was Shareholder Value alles beinhaltet.

Sunday Times

Das Konzept, den Shareholder Value zu maximieren, ist uralt. In jedem Finanzmanagementlehrbuch wird es gleich auf der ersten Seite als oberstes Ziel für jedes Unternehmen präsentiert. Obwohl die Maximierung des Shareholder Value auf immer größeres Interesse stößt und obwohl sie das Hauptziel vieler Unternehmen ist, scheint es dennoch nur wenig Einvernehmen zu geben, wie sie eigentlich zu erreichen ist. Das Konzept des Value-based-Managements oder der Erhöhung des Shareholder Value wird häufig von „Finanztechnokraten" verfolgt, die sich vor allem für den von den Kunden generierten Cash-Flow und wenig oder gar nicht für die Kunden an sich interessieren.

Für die Einführung eines strategischen Account-Management-Programms müssen Investitionen getätigt werden. Letztlich ist es eine Frage der Ressourcenverteilung, mit welcher Priorität Zeit, Personal und Entwicklungsressourcen in den Aufbau ausgewählter strategischer Accounts investiert werden. Diese Investitionen erfordern oft ausgedehnte Diskussionen in den Führungsetagen. Da Topmanagement-Positionen immer mehr von ausgewiesenen Finanzfachleuten eingenommen werden, ist das Verständnis für die Bedeutung von Investitionen in Kundenbeziehungen auf der Managementebene oft nur gering ausgeprägt. Die Ressourcenverteilung auf strategische Accounts muss folglich gut begründet werden, damit das Topmanagement zuversichtlich sein kann, dass sich die Investitionen auch auszahlen. Investitionen in das strategische Account Management müssen daran gemessen werden, inwieweit sie die kontinuierliche Entwicklung des Shareholder Value unterstützen können.

Der Zusammenhang zwischen dem Management strategischer Accounts und der Steigerung des Shareholder Value ist offenkundig. Das Hauptargument, das für den besonderen Umgang mit strategischen Accounts angeführt wird, ist, den Beziehungswert dieser Kunden zu steigern. Ist man in der Lage, den Wert strategischer Accounts zu steigern, wird sich dies zumindest auch auf die internen Beurteilungskriterien des Shareholder Value, wie zum Beispiel den wirtschaftlichen Mehrwert („Economic Value Added", kurz EVA) auswirken. Das Problem, das sich aus der Koppelung von SAM und Shareholder Value ergibt, ist, dass dies eine neue Denkweise erfordert, mit der die Verantwortlichen in Marketing und Vertrieb in der Regel nicht vertraut sind. Der Gedanke, alles unter dem Gesichtspunkt des Cash-Flow zu sehen und danach zu bewerten, liegt für Vertriebsverantwortliche nicht so auf der Hand wie für Finanzfachleute.

Einer der Haupteinwände, die Maximierung des Shareholder Value zum obersten Unternehmensziel zu erheben, ist, dass dies anderen Interessengruppen auf die ein oder andere Weise zum Nachteil gereichen könnte. Oft wird die These vertreten, das Unternehmen müsse eine ausgewogene Haltung einnehmen, die die Bedürfnisse aller und nicht nur einer Interessengruppe befriedigt. Die Idee der Balanced Scorecard zeigt dies deutlich auf. Die Idee der Balanced Scorecard ist es, ein Gleichgewicht zu finden, um Resultate sowohl in Form der vom Kunden wahrgenommenen Wertsteigerung, der Rentabilität, der Arbeitnehmerzufriedenheit, der Planung wirtschaftlicher Prozesse als auch der Kompetenz zu erzielen. In der Tat könnte die Annahme, dass die Bedürfnisse der Aktionäre mit denen anderer Interessengruppen in Konflikt stehen, vielleicht nur ein Märchen sein. Langfristig erfolgreiche Unternehmen kümmern sich sowohl um die Interessen ihrer Aktionäre als auch um die Belange ihrer anderen Interessengruppen. Wenn ein primäres Ziel darin gesehen wird, die Bedürfnisse einer bestimmten Interessengruppe, wie zum Beispiel die der Kunden, zu befriedigen, sollten die Aktivitäten auch allen anderen Interessengruppen, einschließlich der Aktionäre, zugute kommen.

Wie erreicht ein Unternehmen eine Wertsteigerung für seine Aktionäre? Aktionäre interessieren sich für die aktuellen und zukünftigen Cash Returns in Form von Dividenden. Darüber hinaus erwarten sie angemessene Kapitalrenditen, den Return on Investment (ROI), als Risikoausgleich. Nach den meisten Theorien zur internen Messung des Shareholder Value entspricht der aktuelle Wert eines Assets den erwarteten zukünftigen Cash-Flows nach Diskontierung der angemessenen Kapitalverzinsung. Demnach vereint der Shareholder Value drei wichtige Dimensionen in sich. **Cash-Flows** bilden die erste Dimension und betreffen den Beziehungsertrag und die Kosten eines strategischen Accounts. Die zweite Dimension betrifft das **Timing** und zwar sowohl im Hinblick auf die Beziehungsdauer als auch auf die Cash-Flows. Die dritte Dimension bezieht sich auf die durch Investitionen in spezifische Beziehungen **entstandenen Risiken**. Diese Dimensionen werden in diesem Kapitel noch ausführlicher behandelt.

Der Ausgangspunkt für eine Fokussierung auf strategische Accounts sollte darin liegen, strategische Accounts als Assets zu betrachten. Generell sollten natürlich alle Kundenbeziehungen als Assets angesehen werden, in die sowohl der Kunde als auch der Lieferant investieren. Es liegt auf der Hand, dass beide Seiten für ihre Kapitalanlage eine Rendite erwarten. So kann man den Beziehungswert sowohl aus Kunden- als auch aus Lieferantensicht analysieren. Aus Kundensicht ist die Beziehung zum Lieferanten dann wertvoll, wenn sie ihn in seinem Wertsteigerungsprozess unterstützt. Mit anderen Worten: Der Kunde entscheidet sich für den Lieferanten, der ihn beim Erreichen seiner Ziele unterstützt.

In einer immer stärkeren Wettbewerbsituation muss der Lieferant natürlich zunächst sicherstellen, dass sein Leistungsangebot im Vergleich zu dem anderer Lieferanten wirklich wettbewerbsfähig ist und dass er über einen Prozess verfügt, mit dessen Hilfe die Leistung auch dem Kunden geliefert werden kann. Dann muss der Lieferant – ein wettbewerbsfähiges Angebot vorausgesetzt – gewährleisten, dass der Kunde die gesamte Kompetenz des Lieferanten und alle Komponenten des Leistungsangebots nutzen kann. Schließlich muss der Lieferant den Wert der Lieferantenbeziehung vermitteln. Betrachtet man die Geschäfte unter dem Gesichtspunkt des Cash-Flow, bedeutet dies, dass der Lieferant den Wert seiner Beziehung mit dem Kunden für ihn quantifizieren muss.

Aus Sicht des Lieferanten kann die Investitionsrentabilität eines Assets daran gemessen werden, ob die getätigte Investition dazu beiträgt, die Cash-Flows zu erhöhen, zu beschleunigen und für die Zukunft risikoärmere zu erzeugen.

Gesteigerte Cash-Flows

Eines der Hauptziele von SAM ist die Steigerung der aktuellen Cash-Flows einer Kundenbeziehung. Erreichen lässt sich dies durch eine Steigerung des Beziehungsertrags oder durch eine Senkung der Beziehungskosten. SAM kann den Beziehungsertrag steigern, wenn eine Beziehung stark genug ist und sie somit dem Lieferanten die Möglichkeit bietet, neue Ertragschancen zu ermitteln. Opportunity Management, die systematische Suche nach neuen Geschäftschancen, ist daher ein integraler Bestandteil aller SAM-Programme. Geschäftschancen können zum Beispiel erhöhte Up-Selling- oder Cross-Selling-Chancen beinhalten. Das Ziel sollte die Erhöhung sowohl des kurzfristigen als auch des langfristigen Anteils am Kundengeschäft sein. Die Umsetzung der ermittelten Up-Selling- und Cross-Selling-Chancen erfordert in der Regel Änderungen in der Gestaltung des Leistungsangebots. Diese Änderungen können sowohl die Anzahl der Leistungskomponenten, die dem Kunden angeboten werden, als auch die Preisgestaltung betreffen.

Das oberste Ziel eines SAM-Programms ist, das Vertrauen in eine Beziehung aufzubauen. Vertrauen ist gleichsam die Infrastruktur effizienter Beziehungen und erleichtert somit Angebotserweiterungen und Cross-Selling. Eine interessante Komponente des erhöhten Beziehungsertrags ist die Preisgebung. Vertrauen ermöglicht auch Preisaufschläge. Schon geringe Preisaufschläge können sich stark auf die Erträge auswirken. Dies gilt besonders für Branchen, in denen die Kosten meist Fixkosten sind und die Handelsspannen gering ausfallen. Unter solchen Bedingungen wird sich selbst ein ein- bis fünfprozentiger Preisaufschlag stark auf die Gewinnspannen auswirken. Stellen Sie sich eine Beziehung vor, in der die meisten Kosten Fixkosten sind und der Lieferant mit einer Handelsspanne von 10 Prozent arbeitet. Ein zweiprozentiger Preisaufschlag würde in diesem Fall die Bruttogewinnspanne um 20 Prozent erhöhen! Verdeutlicht man sich den Kapitalwert eines derart geringen Preisaufschlags anhand dieses Rechenbeispiels, wird der Zusammenhang zwischen Preisaufschlag und Beziehungswert sofort ersichtlich.

Die zweite Möglichkeit zur Steigerung des Cash-Flow ist die Reduzierung der Beziehungskosten. Beziehungskosten kann man in Servicekosten, Kosten zur Neukundenakquise und Kosten für die Einführung neuer Produkte und Servicekonzepte (Investitionen in das Beziehungsmanagement) unterteilen. Auch zur Reduzierung der Beziehungskosten ist Vertrauen wieder eine Voraussetzung. Ist Vertrauen vorhanden, erleichtert dies die Nutzung eines Mehrkanalvertriebssystems. Ein derartiges System erlaubt es dem Lieferanten, die Effizienz zu nutzen, die aus der Schaffung von separaten E-Commerce-Lösungen für strategische Accounts, der Verlagerung der Kundenkontakte in Call Center oder der Unterstützung des Kunden bei der Nutzung von Extranet-Lösungen entsteht. Diese Lösungen schlagen sich in einem wesentlich effizienteren Verkaufsprozess nieder.

Starke Beziehungen zu strategischen Accounts können für die Neukundenakquise genutzt werden. Strategische Accounts werden in der Regel zu Multiplikatoren des Lieferanten und können dadurch zur Effizienzsteigerung des Prozesses bei der Kundenakquise genutzt werden. Starke Beziehungen reduzieren auch die Kosten für die Einführung neuer Produkte, da strategische Accounts tendenziell besser über die Entwicklungsinteressen des Lieferanten informiert sind und auf Grund des Vertrauensverhältnisses eher gewillt sind, neue Servicekonzepte oder vom Lieferanten entwickelte Produkte zu testen. Es gibt immer mehr Beispiele dafür, dass Lieferanten mit starken Account-Beziehungen (oder starkem Markenwert) trotz verringerter Marketinginvestitionen ihren Markt- und Kundenanteil beibehalten können. Folglich können Investitionen in das Marketing nach und nach gesenkt oder zumindest auf dem aktuellen Stand gehalten werden, wodurch die Kosteneffektivität erheblich gesteigert wird.

Beschleunigte Cash-Flows

Für den Shareholder Value gilt, dass die Cash-Flows von heute wertvoller sind als die von morgen. Daher sollte SAM bestrebt sein, die Kundenakzeptanz für neue Produkte und Serviceleistungen in kurzer Zeit herbeizuführen. Investiert der Lieferant in die Entwicklung eines neuen Produkts, hängt der Erfolg in entscheidendem Maße von der Akzeptanzrate oder der Verbreitungsrate des neuen Produkts ab. Ein SAM-Programm kann eine beschleunigte Produktakzeptanz und einen positiven Cash-Flow herbeiführen, was wiederum den Shareholder Value steigert. Zudem arbeitet SAM durch die Steigerung der Beziehungsstärke darauf hin, einen langfristigen Geschäftswert zu schaffen.

Das traditionelle, in Verbindung mit der Produktentwicklung verwendete Konzept ist „Time-to-Market". Für jedes neue Produkt oder jedes neue Servicekonzept erfolgt eine Investition. Positive Cash-Flows reagieren sehr empfindlich darauf, wie schnell eine Akzeptanz im Markt erreicht werden kann. Wenn ein Lieferant einen guten Ruf bzw. gute Beziehungen zu seinen strategischen Accounts aufbauen kann, wird die Akzeptanz neuer Produkte vonseiten der Kunden letztlich schneller erreicht. Kunden tauschen auch schneller Informationen mit anderen Kunden aus, wodurch sich die Produktakzeptanz auf dem Markt noch schneller einstellt. Folglich kann das Unternehmen früher positive Cash-Flows erzielen. Einige Studien der Harvard Business School haben nahe gelegt, dass das in diesen Zusammenhang passende Konzept nicht „Time-to-Market", sondern „Time-to-Money" ist. Wir sind fest davon überzeugt, dass effizientes SAM sich positiv auf „Time-to-Money", den schnellen Rückfluss des Geldes, auswirkt, da die optimale Ausnutzung einer Kundenbeziehung Entwicklungs-, Markteinführungs- und Kommunikationskosten reduziert.

Risikoärmere Cash-Flows

Die in strategischen Accounts enthaltenen Risiken sind in vielen Unternehmen die stärkste treibende Kraft hinter der Entwicklung eines SAM-Programms. Es ist durchaus nicht ungewöhnlich, dass auf 20 Prozent der rentabelsten Kunden 150 bis 200 Prozent des Gesamtgewinns entfallen. Folglich wird das Geschäft des Lieferanten bei einem Verlust dieser strategischen Accounts anfälliger für Angriffe durch Wettbewerber. Vor diesem Hintergrund lässt sich SAM als Defensivstrategie betrachten, mit deren Hilfe der Lieferant den Erhalt langlebiger Beziehungen anstrebt. Dies erreicht er durch Investitionen, die gewährleisten, dass der Kunde die Beziehung als wertvoll wahrnimmt. Demzufolge ist eines der Ziele von SAM, die Beziehungsstärke zu steigern. Zum Aufbau der Beziehungsstärke muss der Lieferant den Kunden davon überzeugen, seine Entscheidungsfreiheit von sich aus einzuschränken. Beziehungsstärke kann sowohl auf einer emotionalen als auch auf einer kognitiven Basis aufgebaut werden. Vor diesem Hintergrund besteht die wesentliche Aufgabe darin, Bindungen zwischen dem Lieferanten und dem Kunden aufzubauen.

In der Regel wurde bisher die Kundenzufriedenheit als wichtigstes Maß für die Langlebigkeit einer Beziehung angesehen. Die Korrelation zwischen Beziehungstreue und Kundenzufriedenheit ist offenkundig, jedoch wird die Treue nicht allein von der Kundenzufriedenheit beeinflusst. Kundenzufriedenheit ist nicht unbedingt ein Garant für Loyalität. In bestimmten Branchen geben bis zu 75 Prozent der Kunden bei einem Wechsel ihres Lieferanten an, sie seien mit dem Vorgänger „zufrieden" oder „sehr zufrieden" gewesen. Ausschlaggebend für den Wechsel der Kunden zu anderen Lieferanten sind die Preisgestaltung oder neue von Wettbewerbern angebotene Möglichkeiten. Hingegen nehmen einige unzufriedene Kunden einen Wechsel nicht auf sich, da sie sich dadurch keine wesentliche Verbesserung ihrer Situation erhoffen. Mit anderen Worten: Sie glauben nicht an die Existenz wirklicher Alternativen.

Dies hat zu einer Neubewertung des zwischen Kundenzufriedenheit und Beziehungsdauer angenommenen Zusammenhangs geführt. Es liegt auf der Hand, dass eine loyale Beziehung das Ergebnis vieler verschiedener Bindungselemente ist. Diese Bindungen können struktureller Art sein (zum Beispiel rechtlich, wirtschaftlich, technisch, geographisch oder zeitlich bedingt) oder auf der Kundenwahrnehmung basieren (wahrgenommene Bindungen), die Aspekte betrifft wie zum Beispiel Kompetenz, Kultur, Unternehmensphilosophie oder psychologische Faktoren. Kundenzufriedenheit kann daher eine wahrgenommene Bindungskomponente sein. Möchten Unternehmen jedoch wirklich die Loyalität ihrer Kunden gewinnen, müssen sie sich darüber im Klaren werden, welche anderen Arten von Bindungselementen das Verhalten strategischer Accounts beeinflussen.

Ein Ziel von SAM ist daher der systematische Aufbau von Kundenbeziehungen. Starke Kundenbeziehungen erlauben bis zu einem gewissen Grad auch Unzufriedenheit, ohne dass der Kunde der Beziehung gleich ein Ende setzt. Bei starken Kundenbeziehungen findet der Lieferant Zugang zu Herz, Verstand und Geld des Kunden. Zugang zum Herzen des Kunden zu erreichen, beinhaltet den Aufbau emotionaler Beziehungen zwischen Account Managern und ihren Ansprechpartnern beim Kunden sowie die Sicherstellung kompatibler Grundwerte. Zugang zum Verstand des Kunden zu gewinnen, umfasst den Aufbau kognitiver Beziehungen einschließlich Beziehungen in den Bereichen Vertragswesen, Technologie und Kompetenz. Den Zugang zum Geld des Kunden zu erhalten heißt den Aufbau struktureller Beziehungselemente, wie zum Beispiel geographischer Nähe, effizienter Zugangskanäle usw., zu fördern.

In einer starken strategischen Account-Beziehung wird Vertrauensbildung durch die Gewährleistung von Investitionen in Prozessintegration und Technologieanpassung, und zwar sowohl auf der Seite des Lieferanten als auch des Kunden, erreicht. Dies festigt strukturelle und kognitive Beziehungen, erhöht folglich die Wechselkosten des Kunden und stabilisiert die Kundenloyalität. Der Aufbau von Beziehungen und Bindungselementen ist ein wesentlicher Aspekt von SAM. Er verringert normalerweise die Beziehungsrisiken. Angebote für strategische Accounts sind meistens komplex und setzen sich aus einer Vielzahl von Service- und Informationskomponenten zusammen. Diese Art von strukturellen Beziehungselementen hat sich als eine der stärksten erwiesen.

Eines der Hauptziele von SAM ist auch, sicherzustellen, dass in einer Beziehung entstehende Geschäftschancen erkannt und genutzt werden. Die Wahrscheinlichkeit, gleichbleibende und regelmäßige Cash-Flows zu erzielen, erhöht sich in besonderem Maße durch die Einbeziehung der Kunden in die Planung. Eine systematische Account-Planung trägt auch dazu bei, zukünftige Cash-Flows prognostizierbarer zu machen. Anders ausgedrückt geht es bei SAM darum, zukünftig risikoärmere Cash-Flows zu generieren.

Zusammenfassend kann man sagen, dass SAM als risikomindernde, die positive Entwicklung des Shareholder Value unterstützende Methode betrachtet werden kann. SAM zielt auf die Generierung stabilerer zukünftiger Cash-Flows, auf die Verbesserung der Prognosen von Auftragseingängen und die Erhöhung der Kundenloyalität ab.

Entscheidende Erfolgsfaktoren

Unabhängig von der Art des eingesetzten strategischen Account-Management-Programms scheint es einige entscheidende Erfolgsfaktoren zu geben, die allen SAM-Programmen gemein sind. Diese Faktoren betreffen das Engagement des Topmanagements, die Kompetenz der Account Manager, die organisatorische Integration und den Wissensaustausch.

Das Einbeziehen der Unternehmensspitze in SAM ist unerlässlich. Die besten SAM-Funktionen sind in den meisten Fällen im Topmanagement entstanden oder zumindest von oberster Ebene unterstützt worden. Fehlt diese Unterstützung, erhöht sich die Gefahr zu scheitern. Dass sich das Topmanagement viel stärker für den Shareholder Value interessiert als für das Kundenbeziehungsmanagement, ist nichts Ungewöhnliches. Folglich ist deren Verständnis für die Aufgaben von Account Managern nicht immer groß. Oft verlangen die Führungskräfte eines Unternehmens von Account Managern, „Superverkäufer" zu sein, mit der Hauptaufgabe, neue Kundenaufträge zu akquirieren. Um den Erfolg eines SAM-Programms zu gewährleisten, muss die Aufgabe jedoch weiter gefasst sein: Account Manager müssen zugleich Marketing-Berater und auch Kenner und Verkäufer der Kompetenzen und Produkte ihres Hauses sein. Für diese Neugestaltung ist es erforderlich, dass die Unternehmensspitze in die Entwicklungsphase des strategischen Account-Management-Programms mit einbezogen wird.

Aus organisatorischer Sicht entscheidend für den Erfolg ist die Auswahl der richtigen Accounts und geeigneter Account Manager sowie richtiger Mitarbeiter zur Leitung des SAM-Programms. Wichtig ist es, die Rolle von Account Managern präzise zu definieren, geeignete Personen für diese Aufgabe zu finden und sie durch ein spezielles Förderprogramm bei der Umsetzung zu unterstützen.

> *Global Account Manager sind die vielgesuchte Idealperson für das Schnittstellenmanagement. Sie müssen in der Lage sein, sowohl Unterstützung von oben als auch von der gesamten Organisation zu erhalten, um die notwendige Infrastruktur aufzubauen. Sie benötigen gute Kontakte zur Auftragsabwicklung, den lokalen Außendienstmitarbeitern usw. Deshalb sind sie so schwer zu finden.*

Hersteller von industriellen Sicherheitssystemen

Unabhängig von der Art, wie die strategische Account-Management-Funktion organisiert ist, wird sie dazu tendieren, zu einer separaten Einheit zu werden, und sich aus Mitarbeitern mit spezifischen Aufgaben mit Bezug auf die strategischen Accounts zusammensetzen. Diese Mitarbeiter sind auf alle anderen Einheiten des Unternehmens angewiesen. Da sie Teams vorstehen, deren Mitglieder im Unternehmen unterschiedliche Funktionen inne haben, ist eine klare Definition der Rollen und Verantwortlichkeiten des Account Managements und eine Integration der strategischen Account-Management-Funktionen in das Gesamtunternehmen wichtig. Von besonderer Bedeutung ist dies für die Beziehungen des Account Managers zum normalen Vertriebspersonal, dem technischen Service, der Produktion und der Verwaltung.

Ein starkes Augenmerk auf den Wissensaustausch ist bei SAM-Aktivitäten unerlässlich. Der Account Manager muss alle anderen Einheiten des Unternehmens über strategische Account-Management-Aktivitäten auf dem Laufenden halten. Das SAM-Programm spielt eine entscheidende Rolle bei der Festlegung von Account-Planungsverfahren und Tools für die SAM-Metrik und Account-Planung (zum Beispiel Account-Plan-Vorlagen). Dies sollte durch separate IT-Systeme, Extranet- und Intranet-Lösungen usw. unterstützt werden.

Schließlich benötigt die Integration auch Leistungsbewertungssysteme, aus denen eindeutig hervorgeht, dass sich SAM-Investitionen auszahlen. Die Effektivität des Programms sowohl im Unternehmen als auch gegenüber den Kunden belegen zu können, ist von außerordentlicher Bedeutung beim Aufbau eines erfolgreichen SAM-Programms.

Arelio ist ein führender Hersteller von Lüftungssystemen, der seine Produkte weltweit an verschiedene Kundengruppen liefert. Die wichtigsten Segmente sind OEMs, Architekten/Planer, Regelsystemhersteller, Installateure, Dienstleistungsunternehmen, Großhändler und die Hauseigner. Innerhalb dieses komplexen Konstrukts gibt es noch unterschiedliche Distributionsstufen, das heißt, einige Installateure kaufen direkt oder über einen Großhandelskanal oder bei einem OEM ein. Arelio setzte in den wichtigsten Regionen einen eigenen Vertrieb ein oder griff in kleineren Ländern auf Händler bzw. Handelsvertreter zurück. Die Steuerung erfolgte über Umsatzgrößen bzw. Rabattstufen. Verstärkter internationaler Wettbewerb, die Bündelung der Einkaufsmacht auf Distributorenseite, und die Anforderungen der OEMs haben, einhergehend mit einer immer weiter schrumpfenden Marge, zu Überlegungen der Neuausrichtung geführt. Als erster Schritt wurde eine Kundenrentabilitätsanalyse durchgeführt, die aufzeigte, dass die bisherige volumenbasierte ABC-Einteilung der Kunden auf den jeweiligen Distributionsstufen und nach Branchen wenig aussagekräftig war – im Gegenteil.

Die Rentabilität streute über alle Stufen und Segmente und war unabhängig von der Größe, aber stark abhängig von der Betreuungsintensität durch Vertrieb und Service und die individuellen Rabattregelungen. Bisher hatten die A-Kunden die höchste Aufmerksamkeit und eine intensivere Account-Betreuung, und für die B-Kunden gab es hohe Wachstumsziele an den Vertrieb. Die C-Kunden wurden nicht näher beachtet. Nach der Rentabilitätsanalyse wurde eine neue Einteilung nach zwei Kriterien durchgeführt: Kundenrentabilität, Share-of-Wallet (Anteil des individuellen Umsatzes des Kunden) und Nutzen für den Kunden – alle Perspektiven mündeten dann in einer Zielkundeneinteilung. Neu war zudem, dass die Vertriebs- und Betreuungssysteme nicht mehr ausschließlich nach dem historischen Umsatz, sondern nach dem noch offenen Potenzial gesteuert wurden, das heißt für Kunden mit noch geringem Share-of-wallet bekommen die Vertriebsmitarbeiter höhere Ziele und bei Kunden mit hohem Share-of-wallet versucht man, die Betreuungskosten zu senken. Diese Einteilung hat inzwischen globale Gültigkeit. Damit wird die Betreuung der globalen Accounts standardisiert, da in jedem Land die Einteilung und Betreuungssystematik einheitlich sind. Anschließend wurden spezielle Angebotspakete für die Kundengruppen entwickelt und ein einheitliches Preis- und Rabattsystem ermittelt, dass auch die Kundenloyalität berücksichtigt. Erst jetzt investierte Arelio in ein neues Vertriebsinformationssystem, das auch mit den Service- und Marketingbereichen verbunden wird. Arelio hat durch diesen Prozess seinen Marktanteil wieder ausgebaut, die Kundenprofitabilität und den Unternehmenswert gesteigert und die Plattform für weiteres Wachstum geschaffen.

Quelle: CRM Group

KAPITEL 2

Die wichtigsten Kunden aus strategischer Sicht

Ein strategisches Account-Management-Programm bietet den Rahmen, um die wichtigsten Kundenbeziehungen einer Firma als Vermögenswerte, so genannte Assets, zu verwalten. Als Gesamtrahmen definiert es den Inhalt der einzelnen SAM-Aktivitäten, das heißt Konzepte und Modelle zur Steuerung der Wertsteigerung bei strategischen Account-Beziehungen und Managementprozessen. Auch benennt es konkrete Aufgaben und Tools, um Follow-up-Maßnahmen und Planungs- und Umsetzungsstrategien für die strategischen Accounts des Unternehmens zu erleichtern.

Dieses Kapitel befasst sich zunächst mit der Frage: Welche Kunden gehören zu den strategischen Accounts und bedürfen deshalb besonderer Aufmerksamkeit? Rentabilitätsanalysen von Kundenbeziehungen bilden die Basis für die Ermittlung der aus Sicht des Lieferanten wichtigsten Kunden. Weitere Kriterien für die Auswahl strategischer Accounts werden beschrieben.

Strategische Account-Beziehungen sollten sowohl beim Lieferanten als auch beim Kunden zu einer Wertsteigerung führen. Um Angebote für strategische Accounts zu entwickeln, die einen solchen Wert darstellen, müssen zunächst die wichtigsten Unterschiede und treibenden Kräfte bei den Wertsteigerungsprozessen der Kunden analysiert werden.

In diesem Kapitel werden die Schlüsselkomponenten, die für strategische Accounts ausgearbeitete Angebote aufweisen sollten, vorgestellt. Abschließend wird auch auf die Gestaltung von Kundenbeziehungsprozessen zur Verbesserung der Beziehungsentwicklung und Leistungserbringung eingegangen.

Überprüfung der Geschäftsstrategie als Grundlage für SAM

Eine Überprüfung der Geschäftsstrategie liefert wichtige Anhaltspunkte für die Entwicklung und Ausführung von SAM. Indem sie den Handlungsrahmen und die Wettbewerbsmittel definiert, bringt die Überprüfung der Geschäftsstrategie die aktuelle und zukünftige Position und Haltung des Unternehmens zum Ausdruck, nämlich

● **mit Blick nach außen:**
  hinsichtlich des Marktanteils des Unternehmens in bestimmten Segmenten, des Kundenimage, der Kompetenz im Vergleich zu Wettbewerbern, der Kompetenz im Hinblick auf die Kundenmotivierung und der relativen Bedeutung von Zulieferern.

● **mit Blick nach innen:**
  hinsichtlich der Zusammensetzung der Aktivitäten (Produktsortiment und bediente Märkte), der Technologie- bzw. Wissensgrundlage der Aktivitäten, der Organisationsstruktur und der Kontrollmechanismen sowie des vorherrschenden gemeinsamen Verhaltens oder der gemeinsamen Kultur der Unternehmensmitarbeiter.

Das Gesamtbild, das sich aus der Position und Haltung eines Unternehmens ergibt, gibt Hinweise auf die Annahmen, auf denen der Wettbewerbsvorteil und die Wertsteigerung bei Kundenbeziehungen beruhen. Geschäftsstrategie und Marketingunterlagen, Vision Statements und externe und interne Umfragen sowie Markt- und Branchenstudien dürften ein angemessenes Bild von der Position und Haltung eines Unternehmens und seiner beabsichtigten Ausrichtung vermitteln. Die Entwicklung eines SAM-Programms kann sogar in den Fällen, in denen die Geschäftsstrategie eines Unternehmens nicht klar definiert und konkretisiert ist, den Prozess zur Formulierung einer Geschäftsstrategie unterstützen.

Eine Geschäftsstrategie sollte festlegen,

● **wer** die wichtigsten Kunden des Unternehmens sind,
● **was** man den ausgewählten Kunden anbietet und
● **wie** Angebote erstellt und erbracht werden.

Eine Kundenbasisanalyse dient als Ausgangspunkt für die Beantwortung der Wer-Frage. Diese Analyse ermöglicht es, die Kundenarten eines Unternehmens zu definieren, den Wert dieser Kunden zu analysieren und anhand von festzulegenden Kriterien strategische Accounts auszuwählen.

Die Kundenbasisanalyse sollte mit einer Kundenprozessanalyse einhergehen, die bei der Beantwortung der Was-Frage, das heißt bei der Gestaltung von Angeboten für verschiedene Arten von strategischen Accounts, behilflich sein kann. Das Hauptziel ist die Entwicklung von Angeboten, die für die strategischen Accounts wirklich im Sinne der Wertsteigerung wertvoll sind. Um ein solches Angebot definieren zu können, muss zuvor gründlich analysiert werden, welche entscheidenden treibenden Kräfte hinter den Wertsteigerungsprozessen der strategischen Accounts stehen. Diese Kräfte lassen sich durch eine detaillierte Beschreibung des Prozesses auf Kundenseite und der damit verbundenen Probleme und Bedenken des Kunden bei seinen Aktivitäten erkennen. Indem man eine einheitliche Palette von Firmenprodukten und -dienstleistungen herausarbeitet, die die Probleme und Bedenken der Kunden beseitigt, können Angebote für verschiedene Arten strategischer Accounts entwickelt werden.

Um den Kunden die angebotenen Leistungen auch tatsächlich erbringen zu können, muss das Unternehmen sicherstellen, dass es – entweder allein oder durch strategische Allianzen – Fähigkeiten, Kompetenzen, Fertigkeiten und Technologien besitzt oder entwickeln kann, die für die Erstellung und Erbringung der Angebote erforderlich sind. Diese Wie-Frage lässt sich beantworten, indem man sich darauf konzentriert,

- welche Art von Managementprozessen und -aufgaben für das Funktionieren des strategischen Account Managements notwendig sind,

- ob die Unternehmensorganisation für diese Aktivitäten geeignet ist,

- ob die notwendigen Fähigkeiten und Kompetenzen in der Unternehmensorganisation vorhanden sind und

- welche Tools zur Erleichterung von SAM entwickelt werden müssen.

Ein SAM-Programm sollte gewährleisten, dass die Wer-Was-Wie-Fragen in den wichtigsten Kundenbeziehungen der Firma ausgewogen behandelt werden. Es gibt keine richtige oder falsche Reihenfolge für die Analyse dieser Fragen. Allerdings ist die gewählte Reihenfolge von der Denkart abhängig, die in der Firma vorherrscht. Darüber hinaus sind diese Fragen sehr eng miteinander verknüpft und können daher nicht getrennt voneinander betrachtet werden. Eine einheitliche Herangehensweise an die Wer-Was-Wie-Fragen durch die enge Abstimmung der Firmen- und Kundenprozesse oder gar die Umgestaltung der Wer-Was-Wie-Fragen durch eine Neudefinition der Firmenangebote und Kundenbeziehungsprozesse bietet einen strategischen Überblick über die Entwicklung von SAM-Programmen.

Wer – Die Auswahl der wichtigsten Kunden

> *Im Grunde sind die Kunden, die man als Key Accounts auswählt, die Accounts, die man um nichts in der Welt verlieren möchte.*

Energieversorgungsunternehmen

Ziel des strategischen Account Managements ist es, den Wert strategischer Accounts zu steigern. Um sicherzustellen, dass SAM-Aktivitäten tatsächlich mit den richtigen Kunden durchgeführt werden und die geeigneten Ressourcen zugeteilt bekommen, muss der Lieferant eine kontinuierliche und regelmäßige Kundenbasisanalyse einführen. Der Kundenwert sollte sowohl unter monetären Gesichtspunkten (Umsatz, Kundenrentabilität) als auch unter nicht-monetären Gesichtspunkten (Referenzwert, Kompetenzwert usw.) analysiert werden. Die Vorgehensweise der American Electric Power Service Company ist ein innovatives Beispiel dafür, wie man den Beziehungswert eines Kunden als Asset messen kann.

Fallbeispiel (● **American Electric Power Service Company**)

Die American Electric Power Service Company (AEP) ist ein Energieversorgungsunternehmen, das verschiedenen Kundengruppen eine große Palette an Serviceangeboten offeriert. Neben den herkömmlichen Versorgungsdiensten erbringt AEP über seine Tochter- und Schwestergesellschaften auch Engineering-, Consulting- und technische Dienste.

Verstärkter Wettbewerb und die Marktderegulierung durch die Regierung haben Anfang der 90er Jahre das Wettbewerbsumfeld in der Energiebranche verändert. Im Zuge dieser Veränderungen erkannte AEP die Notwendigkeit, sich von einem traditionellen Energieversorgungsunternehmen zu einem Energiemanagement- und Engineeringunternehmen zu entwickeln, das den Kunden bei der Lösung ihrer Geschäftsprobleme hilft. Um sich diesen Herausforderungen zu stellen, wurde ein Key-Account-Management-Programm ins Leben gerufen, doch die Notwendigkeit, den Erfolg der Kundenbeziehungen zu messen, bestand weiterhin.

Die Notwendigkeit, den Wert großer Anstrengungen im Bereich des Account Managements zu quantifizieren, führte 1997 dazu, dass AEP eine Analysemethode namens **Customer Asset Management Accounting (CAMA)** entwickelte.

CAMA liegt folgender Gedanke zugrunde: Kundenbeziehungen sind Assets mit einem sich über ein gesamtes Rechnungsjahr erstreckenden Wert. Mit CAMA werden die Dauer einer bestimmten Kundenbeziehung und die auf den Cash-Flows basierenden Einnahmen und Kosten, die vom Kunden in diesem Zeitraum generiert werden, abgeschätzt. Danach werden die Cash-Flows in die Gegenwart zurückdiskontiert, woraus sich ein aktueller „Wert" für den Kunden ergibt.

CAMA unterteilt jede Kundenbeziehung in eigenständige Elemente, wodurch die Bewertung sowohl individueller Kundenvorschläge und Geschäftsabschlüsse als auch der Kundenbeziehung als Ganzes ermöglicht wird. CAMA wird dafür eingesetzt, den Beitrag zu quantifizieren, den das Management großer Accounts zum Grundgeschäft des Unternehmens leistet, und stellt Daten zur Verfügung, die die Geschäftsführung bei ihrer Beschlussfassung unterstützen.

CAMA unterstützt die Geschäftsführung dabei, die langfristigen Auswirkungen und ökonomischen Gesichtspunkte des Customer Relationship Management zu verstehen. Somit ist die Geschäftsführung von AEP in der Lage, kurzfristige Entscheidungen auf der Grundlage langfristiger Betrachtungen zu treffen. CAMA ist gleichzeitig ein hervorragendes Tool, um die Analyse und Priorisierung der Ressourcen zu vereinfachen. Dadurch hilft es der Geschäftsführung, auf der Grundlage detaillierter Informationen bessere Entscheidungen zu fällen. CAMA ist ein gutes Tool zur Auswahl strategischer Accounts und kann intern sogar zur Rechtfertigung von Investitionen in ausgewählte Accounts herangezogen werden. Schließlich kann CAMA auch zur Quantifizierung der Kundenwertsteigerung genutzt werden. Das streben zwar die meisten Unternehmen an, aber nur einige wenige können das auch wirklich.

Quelle: Nama

Kundenbasisanalyse – Ein Tool zur Bestimmung des Wertpotenzials

Zeitgleich mit dem steigenden Interesse am Prozessdenken sind auch Tools für das Prozessmanagement entstanden. Kalkulations- und Follow-up-Möglichkeiten sind besser geworden, wodurch nun mehr Unternehmen in der Lage sind, den Kundenwert zu berechnen. Die Entwicklung der aktivitätsbasierten Kostenrechnung hat Unternehmen den Zugang zu völlig neuen Datentypen eröffnet. Doch profitieren die Unternehmen wirklich von der Nutzung dieser Daten? Entscheidend für die Kundenrentabilität ist nicht deren Berechnung, sondern deren Nutzung. Die Kundenrentabilität zu kennen ist für sich allein genommen nicht interessant. Interessant ist vielmehr der Einsatz dieser Information um das Rentabilitätspotenzial zu identifizieren und später auszuschöpfen.

Was wissen wir über Kundenrentabilität?

Die Analyse der Kundenbasisrentabilität ist eine nützliche Methode zur Bestimmung der aus SAM-Sicht wichtigsten Kunden. Unsere Erfahrung aus Dutzenden von Kundenbasisanalysen, bei denen Unternehmen sich speziell auf die Bestimmung der Rentabilitätsverteilung konzentriert haben, zeigt, dass unabhängig von der Branche zwischen Unternehmen gewisse Parallelen gezogen werden können. Das Rentabilitätspotenzial einer Kundenbasis wird im Folgenden anhand mehrerer Beispiele aus verschiedenen Kundenbasisanalysen illustriert.

Eine große Zahl der Kunden in einer Kundenbasis ist unrentabel

Die meisten Unternehmen, die Kundenrentabilitätsanalysen durchgeführt haben, waren über die Größe ihrer wirklich unrentablen Kundenbasis überrascht. Es scheint sogar die Regel und nicht etwa die Ausnahme zu sein, dass mehr als 30 Prozent der Kunden unrentabel sind. Bei den Analysen, an denen wir teilgenommen haben, variierte der Anteil unrentabler Kunden zwischen 20 Prozent und 80 Prozent. Diese ungleiche Verteilung der Unrentabilität unter den Kunden führt zu einigen Problemen sowohl strategischer als auch operationeller Art. Ein zentrales, strategisches Problem besteht darin, dass die Kunden sich gegenseitig subventionieren, das heißt, in der Kundenbasis kommt es zu einer Quersubventionierung. Quersubventionierungen machen ein Unternehmen für die Angriffe der Konkurrenz anfällig. Wettbewerber versuchen gewöhnlich, die rentabelsten Kundengruppen für sich zu gewinnen. Und wenn zum Beispiel nur 30 Prozent der Kunden eines Unternehmens rentabel sind, ist das daraus entstehende Risiko enorm hoch.

Nur Großkunden können sehr unrentabel sein

In Rentabilitätsanalysen werden Kunden häufig auf der Grundlage ihres Einkaufsvolumens bei einem bestimmten Zulieferer dem mit ihnen erzielten Gewinn gegenübergestellt. Abbildung 2 zeigt eine typische grafische Darstellung der Kundenverteilung nach Volumen und Gewinn.

Der grafischen Darstellung lassen sich aus SAM-Sicht mehrere interessante Dinge entnehmen. **Erstens** zeigt sie auf, dass kleinvolumige Kunden zu einem hohen Grad unrentabel sind. In fast allen Fällen machen kleinvolumige Kunden einen Großteil der Kundenbasis aus und sind häufig unrentabel. Folglich ist es sinnvoll, sich auf volumenstarke Kunden zu konzentrieren. **Zweitens** geht aus der graphischen Darstellung hervor, dass die Gewinnverteilung mit wachsendem Volumen steigt. Daraus lässt sich die wichtige Schlussfolgerung ziehen, dass die wirklich unrentablen Kunden zu den volumenstarken Kunden gehören, das heißt eigentlich typische strategische Accounts sind. Dasselbe lässt sich natürlich über die wirklich rentablen Kunden sagen und eben dieses Paradoxon macht es notwendig, die Beziehungsstrategien für strategische Accounts zu verbessern und weiterzuentwickeln.

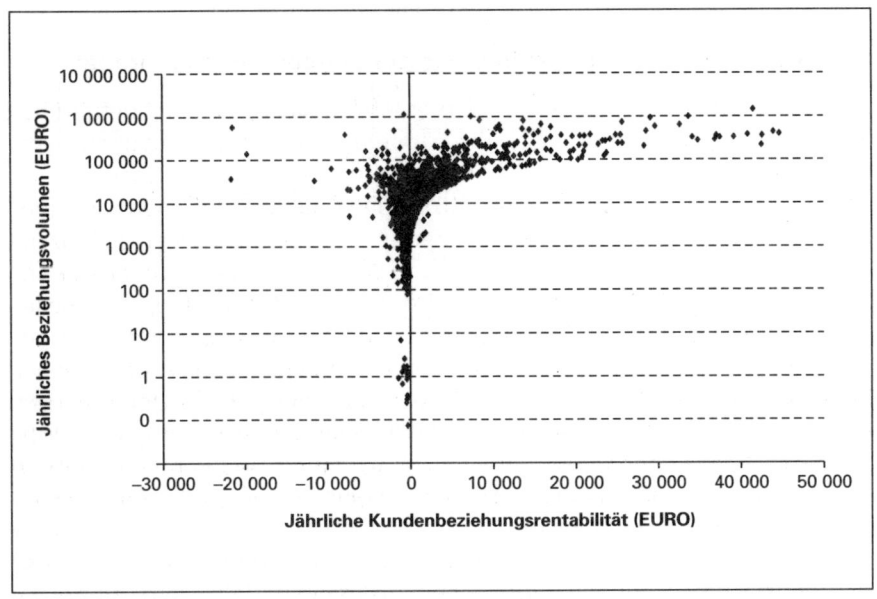

Abbildung 2: Beispiel für die Kundenverteilung nach Volumen und Gewinn

Aus dieser Beobachtung lässt sich leicht schließen, dass nur die Großkunden wichtig sind, doch dieser Grundsatz gilt nur mit gewissen Einschränkungen. Wird die Kundenbasis nach dem Kaufvolumen in verschiedene Gruppen unterteilt und ein Rentabilitätsvergleich zwischen den einzelnen Gruppen vorgenommen, so ergibt sich eine typische grafische Darstellung wie in Abbildung 3.

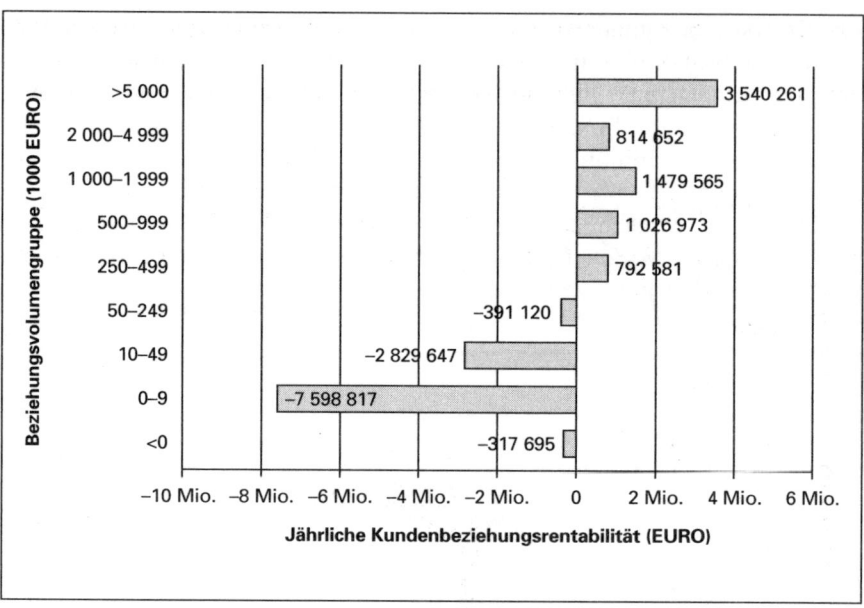

Abbildung 3: Ein Beispiel für den Anteil der Kundengruppen am Gesamtgewinn nach Volumen

In Abbildung 3 wurde die Kundenbasis dem Volumen nach in neun Gruppen aufgeteilt. Die graphische Darstellung zeigt zugleich den Anteil jeder Gruppe am Gesamtgewinn des Unternehmens. Aus der Grafik wird ersichtlich, dass in diesem Fall alle Kundengruppen mit einem Volumen kleiner als 249 000 Euro unrentabel sind. Die mittelgroßen und großen Kunden scheinen eine wichtige Gruppe zu sein. Es ist nicht ungewöhnlich, dass mittelgroße Kunden **als Gruppe** einen hohen Gewinnanteil ausmachen. Allerdings entfällt auch auf die größten Kunden ein hoher Gewinnanteil und das, obwohl die wirklich unrentablen Kunden oft auch volumenstarke Kunden sind.

Auf 20 Prozent der Kunden entfallen 80 Prozent des Gewinns

In der Managementfachliteratur wird häufig die Pareto-Regel zitiert, derzufolge mit 20 Prozent der Kunden 80 Prozent des Gewinns erwirtschaftet werden. Das ist so allerdings nicht ganz richtig. Zwar können 20 Prozent der Kunden tatsächlich 80 Prozent des Volumens ausmachen, doch was den realisierten Gewinn angeht, kann die Gewichtung sehr unterschiedlich ausfallen. Das liegt daran, dass die Einnahmen natürlich auch negativ sein können und dies führt häufig zu erheblichen Divergenzen bei der Verteilung. Die Stobachoff-Kurve in Abbildung 4 zeigt die Verteilung der Kundenrentabilität in einer Kundenbasis.

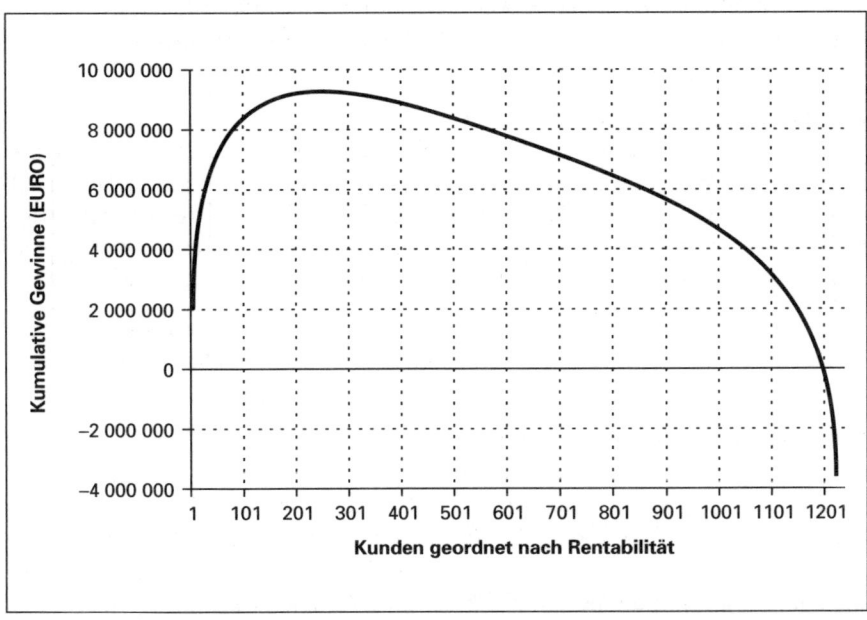

Abbildung 4: Beispiel für kumulative Gewinne in der Kundenbasis

Die Kurve basiert auf einer ersten Berechnung der Rentabilität jedes einzelnen Kunden einer Kundenbasis. Danach werden die Kunden in der Reihenfolge ihrer Rentabilität aufgelistet, sodass Kunde Nr. 1 der rentabelste und Kunde Nr. 1 238 der unrentabelste ist. Nun werden die Kundengewinne addiert. Eine aus dieser Rechnung abgeleitete Kurve zeigt die Gewinnkumulierung innerhalb der Kundenbasis. Auf der Grundlage dieser Kurve lassen sich verschiedene interessante Schlussfolgerungen über den Gesundheitszustand der Kundenbasis ziehen. Zusammenfassend lässt sich die Kurve wie folgt analysieren:

Solange die Kurve steigt, werden rentable Kunden hinzugefügt. Dadurch lässt sich bestimmen, wie groß der Anteil rentabler Kunden ist. In der untersuchten Kundenbasis sind circa 250 von 1 238, das heißt circa 20 Prozent, rentabel.

Auf rentable Kunden entfällt ein Gesamtgewinn von 9,5 Millionen Euro.

Die etwa 900 folgenden Kunden sind alle unrentabel, da die Kurve zwischen den Kunden Nr. 250 und 1 100 sinkt. Insgesamt erzeugen diese Kunden einen Verlust von circa 6,5 Millionen Euro.

Die 100 unrentabelsten Kunden verursachen einen Verlust von fast 7 Millionen Euro. Daraus ergibt sich, dass das Unternehmen derzeit etwa 3,8 Millionen Euro Verlust macht.

Es versteht sich von selbst, dass die Kundenbasis in diesem Fall durch Angriffe von Wettbewerbern besonders empfindlich getroffen würde. Der Fortbestand des Unternehmens hängt in diesem Beispiel von circa 250 Kunden ab. Die Grafik gibt Hinweise darauf, dass das Unternehmen bei seinen SAM-Aktivitäten ernsthafte Probleme haben muss, da es zulässt, dass rund einhundert potenzielle strategische Accounts extrem unrentabel sind.

Aus SAM-Sicht zeigt die Analyse, dass die Kundenbasis sich aus zwei besonders interessanten Kundengruppen zusammensetzt. Diese Klassifizierung hat direkte Auswirkungen auf das Rentabilitätspotenzial:

Die zu schützende Gruppe, das heißt die 250 rentabelsten Großkunden, bildet das finanzielle Rückgrat des Unternehmens. Das Unternehmen muss sicherstellen, dass diese Kunden auch in Zukunft die Geschäftsbeziehung aufrecht erhalten. Mit anderen Worten: Einer Strategie zum Schutz dieser Kunden vor den Angriffen der Konkurrenz kommt eine überlebenswichtige Bedeutung zu. Indem ein Unternehmen diese Kunden schützt, kann es sicherstellen, dass langfristigen Beziehungen entstehen und der positive von den rentablen Kunden ausgehende Cash-Flow beibehalten werden kann. Dies bietet Sicherheit und bildet eine Grundlage für die weitere Geschäftsentwicklung.

Die zu verändernde Gruppe setzt sich aus den unrentabelsten Kunden der Kundenbasis des Unternehmens zusammen. Die Analyse zeigt, dass es sich um volumenstarke Kunden handelt (da nur volumenstarke Kunden signifikant unrentabel sein können). Daher ist es keine leichte Aufgabe, die Rentabilität dieser Kunden zu ändern. Angesichts seiner Verluste kann das Unternehmen diese Kunden nicht unter denselben Voraussetzungen halten und benötigt daher eine Strategie, um diese Beziehungen drastisch zu ändern. Diese Kunden sind, jeder für sich genommen, die interessantesten, da sie über das Potenzial verfügen, äußerst rentabel zu werden. Die Gründe für die Unrentabilität der Kunden können individuell analysiert und Einzellösungen für jeden Kunden gefunden werden mit dem Ziel, die Preisgestaltung (zur Steigerung des Beziehungsertrags) zu ändern oder die Beziehungsprozesse zur Reduzierung der für den Kunden geleisteten Arbeit (und somit zur Kostenersparnis) zu optimieren.

All diese Kundenbeziehungen verfügen über ein ungeheures Rentabilitätspotenzial und sind deshalb für das Unternehmen besonders lukrativ. Große rentable Accounts bilden das finanzielle Rückgrat des Lieferanten-Cash-Flow und ermöglichen die zukünftige Geschäftsentwicklung. Die unrentabelsten Kunden sind, jeder für sich genommen, interessant, da es möglich ist, sie recht zügig zu rentablen Kunden zu machen. Oftmals möchten diese Kunden nicht einmal unrentabel sein, da ihnen bewusst ist, dass sich dies negativ auf die von ihrem Lieferanten erbrachten Serviceleistungen auswirkt. Individuelle Verhandlungen können aus diesem Grund zu nennenswerten Erfolgen führen.

Neben diesen beiden Gruppen gibt es eine weitere Gruppe, die sich aus den circa 900 Kunden der Stobachoff-Kurve zusammensetzt, die dort im Mittelfeld stehen. Analysen haben gezeigt, dass es sich dabei mit großer Wahrscheinlichkeit um kleinvolumige Kunden handelt. Dass sie mehr oder minder gleich unrentabel sind, deutet darauf hin, dass es im Unternehmensgeschäft ein strukturelles Problem gibt, das Kunden unrentabel werden lässt. Es ist daher wahrscheinlich, dass das Unternehmen Strategien entwickeln kann, um diese Kunden wieder in ein rentables Beziehungsmodell zu überführen. SAM-Aktivitäten können sich, da sie kundenspezifisch sind, nur auf eine begrenzte Anzahl Kunden konzentrieren. Deshalb ist es unwahrscheinlich, dass diese Gruppe der kleinvolumigen Kunden im Mittelpunkt der SAM-Aktivitäten stehen wird. Andere Einheiten des Unternehmens – je nach Aufgabenstellung zum Beispiel Vertrieb, Controlling oder Marketing – müssen jene Strategieüberarbeitung übernehmen.

Unrentable Kunden sind interessant

Aus der Stobachoff-Kurve in Abbildung 4 zieht man nur allzu leicht sehr simple Schlussfolgerungen. Es mag vielleicht besonders attraktiv erscheinen, die Kurve einfach bei Kunde Nr. 1 100 enden zu lassen. Auf diese Weise könnte man die unrentabelsten Kunden ausgrenzen. Diese „ausgegrenzten" Kunden sind jedoch normalerweise volumenstarke Kunden, weshalb sie potenzielle strategische Account-Beziehungen darstellen, die es weiterzuentwickeln gilt.

Auch wenn die Erwägung, eine Kundenbeziehung zu beenden, durchaus zum Instrumentarium des Beziehungsmanagers zählen sollte, zeigt eine weitergehende Analyse schnell, dass die Beendigung von einzelnen Kundenbeziehungen die Rentabilitätsprobleme einer Kundenbasis an sich nicht völlig lösen kann. Die Beendigung einer Kundenbeziehung war in keiner der Analysen, an denen wir teilgenommen haben, die primäre Lösung für dieses Problem. Der Grund hierfür liegt auf der Hand: Heutzutage sind die meisten Kosten Fixkosten. Bei der Analyse der Kundenrentabilität werden auch die Fixkosten auf die Kunden verteilt. Doch selbst wenn man vereinzelt Beziehungen beendet, um die unrentabelsten Kunden zu entfernen, bleiben die Fixkosten erhalten. Dies würde dazu führen, dass ein Unternehmen die Fixkosten auf die aktuellen Kunden umverteilt, wodurch wiederum eine identische Kurve entstünde. Die Beendigung von Kundenbeziehungen ist also keine Ideallösung.

Statt der Beendigung der unrentabelsten Kundenbeziehungen, bei denen es sich ja normalerweise auch um die größten Kunden handelt, sind andere Maßnahmen gefragt. Im Rahmen eines strategischen Account-Management-Programms sollte eine systematische Methode zur Ermittlung des Gewinnpotenzials in der Kundenbasis eingeführt werden. Diese Methode bildet die Grundlage für Zielvorgaben und Planung bei strategischen Account-Beziehungen. Es müssen weiterhin Tools entwickelt werden, mit deren Hilfe sich das bei Großkunden vorhandene Gewinnpotenzial ausschöpfen lässt. Die durch Kundenbasisanalysen zusammengetragenen Informationen können beispielsweise dafür eingesetzt werden, die konkreten Auswirkungen zu simulieren, die durch verschiedene Änderungen hervorgerufen werden. Bei einer solchen Simulation kann man bestimmte Beziehungen beenden und alle Kosten umverteilen, man kann die Preise erhöhen und annehmen, dass die Kunden vermehrt Einkäufe tätigen werden, man kann in das Marketing investieren und prüfen, wie stark die Verkäufe anziehen müssen, damit ein annehmbares Maß an Rentabilität erreicht wird usw. Diese Simulationsanalysen führen meist zu äußerst interessanten Ergebnissen. Selbst kleine Veränderungen im Kundenkaufverhalten können weitreichende Auswirkungen haben, wenn es gelingt, das Verhalten der Kundenbasis zu ändern.

Ein wesentlicher Punkt darf jedoch keinesfalls außer Acht gelassen werden, nämlich auch den unrentablen Kunden gegenüber eine positive Einstellung zu wahren. In besonderem Maße gilt dies für potenzielle strategische Account-Beziehungen. Unrentabilität sollte man nicht als etwas Negatives ansehen. Unrentable Kunden sind nicht automatisch „schlechte" Kunden. Kunden sind deshalb unrentabel, weil die Strategien und Geschäftsprozesse eines Unternehmens unrentables Kundenverhalten zulassen. Kundenrentabilität ergibt sich stets aus dem Kundenkaufverhalten und das Kaufverhalten kann auf vielfache Weise beeinflusst werden. In Wirklichkeit gibt es keine schlechten Kunden, sondern nur schlechte Strategien. Durch Änderung der Strategien lässt sich ein Kundenverhalten ermutigen, das sich seinerseits wieder positiv auf die Kundenrentabilität auswirken wird.

Viele Unternehmen, die sich mit Fragen der Kundenrentabilität auseinander setzen, haben aus den Analysen meist zu stark vereinfachende Schlüsse gezogen. Mit dem Ergebnis, dass Mitarbeiter häufig unrentable Kunden mit schlechten Kunden gleichsetzen. Eine solche Einstellung wirkt sich direkt auf den Umgang mit den Kunden aus und schließlich werden die Rentabilitätsprobleme weiter verschärft. Deshalb ist es wichtig, dass Unternehmen unrentable Kunden in einem positiven Licht sehen. Unrentable Kunden stellen häufig das größte Rentabilitätspotenzial eines Unternehmens dar. Kundenrentabilität als reine Rechenübung zu betreiben, ist völlig uninteressant.

Zur Erkennung des Rentabilitätspotenzials müssen vielmehr die wirklich für die Unrentabilität verantwortlichen Gründe analysiert werden. Unternehmen müssen sich fragen, wodurch in ihren Geschäftsvorgängen unrentables Verhalten beim Kunden ermutigt wird. Prinzipiell scheint es drei Gründe für Unrentabilität zu geben: Volumen, Arbeit und Preis.

Auch wenn das **Volumen** an sich nicht der einzige Maßstab für den Beziehungswert ist, ist es offensichtlich, dass volumenstärkere Kunden, was die Rentabilität angeht, interessanter sind. In den meisten Kundendatenbanken erweisen sich kleinvolumige Kunden als unrentabel, weil das mit ihnen getätigte Geschäftsvolumen nicht zur Deckung der Fixkosten ausreicht. Aus diesem Grund haben viele Lieferanten sich für die Einführung von Volumengrenzen entschieden, die Kunden bei den Geschäftsbeziehungen mit dem Lieferanten einhalten müssen. Auch hier genauer hinzuschauen und eine sorgfältige Kundenauswahl zu treffen, ist folglich eine vernünftige Strategie, insbesondere aus SAM-Sicht.

Investiert der Lieferant zu viel **Arbeit** in die Kundenbeziehungen, können diese schnell unrentabel werden. „Arbeit" beinhaltet dabei alle in der Beziehung durchgeführten Aktivitäten, sowohl für den Kunden als auch mit dem Kunden. Um Nutzen aus dem Rentabilitätspotenzial ziehen zu können, sollte der Lieferant seine nicht vergüteten Aktivitäten einschränken. Typisch für Aktivitäten, die hohe Kosten verursachen, sind alle Arten von Tätigkeiten, die im Zusammenhang mit logistischen Prozessen stehen: Order Lines, Lieferungen und Nachlieferungen. Auch die eigentliche Kundenbetreuung im Hinblick auf den Verkauf, wie technischer Service, Help-Desk- und Call-Center-Aktivitäten, verursachen Kosten.

Aus Rentabilitätsanalysen geht oft hervor, dass wirklich unrentable Kunden auf Grund von **Preis**problemen unrentabel sind. Dies könnte zumindest zum Teil daran liegen, dass Großkunden in einer Kundenbeziehung auf Grund der höheren Beziehungssymmetrie mehr Macht haben und so in der Lage sind, für sie günstige Preise auszuhandeln. Doch selbst in asymmetrischen Beziehungen, in denen die Macht des Lieferanten größer ist, kann die Preispolitik zu Unrentabilität führen. In diesem Fall liegt es oft an den unterschiedlich gestalteten Rabattsystemen für verschiedene Volumenkategorien, das heißt je größer das Kundenvolumen, desto höher der Rabatt und desto niedriger der Erlös für den Lieferanten. In einigen Fällen ist der Preis so niedrig, dass der Kunde sich am Ende als nicht mehr rentabel erweist. In anderen Fällen kann dies auch mit anderen preisbezogenen Aspekten zusammenhängen, wie zum Beispiel Lieferkosten, Kosten für Nachlieferungen, Zinsen bei Zahlungsverzug und Preisaufschlägen für kleine Lieferungen. Die Preisgestaltung ist eine komplexe Angelegenheit, die zum Teil durch die Wettbewerbssituation bestimmt wird, aber in überraschend vielen Fällen auch einen großen Spielraum beinhaltet.

Im Allgemeinen ist der Preis unter all den Maßnahmen, die ein Lieferant zur Beeinflussung des Kundenkaufverhaltens ergreifen kann, die wirkungsvollste. Daher ist es wichtig, dafür Sorge zu tragen, dass die Preisgestaltung zu dem vom Lieferanten gewünschten Verhalten führt. Aus einer kursorischen Analyse ergibt sich oft, dass Unternehmen eine Preispolitik betreiben, die keinen allgemeinen Prinzipien zur Beeinflussung des Kundenverhaltens folgt.

Kriterien für strategische Account-Beziehungen

Da SAM Investitionen in strategische Kundenbeziehungen erfordert, muss die Anzahl der ausgewählten strategischen Accounts begrenzt werden. Folglich ist die oberste Regel für die Auswahl der Kunden als strategische Accounts, die für den Lieferanten wichtigsten Kunden auszuwählen. Jeder einzelne Lieferant muss für sich eigene Kriterien festlegen, anhand derer er den Wert seiner Account-Beziehungen misst. Diese Kriterien könnten sich beispielsweise auf leicht quantifizierbare Charakteristika der Kundenbeziehung, wie zum Beispiel das Geschäftsvolumen oder die Rentabilität der Kundenbeziehung, stützen. Auch weniger quantifizierbare Merkmale von Kundenbeziehungen, wie zum Beispiel der Referenz- und Kompetenzwert (gemeinsame Produktentwicklung, Ausbildungsmöglichkeiten für Neueinsteiger usw.), sollten bei der Auswahl strategischer Accounts bewertet werden.

Abbildung 5 gibt die von neun verschiedenen Unternehmen[1] eingesetzten Auswahlkriterien für strategische Accounts wieder. Die Bewertungskriterien sollten

---

[1] Die Abbildung basiert auf Daten (Material aus Fallstudien, Fachliteratur und Interviews mit Unternehmen und Experten), die bei der von der CRM Group durchgeführten Studie (siehe Anhang) erhoben wurden.

im Idealfall unternehmensspezifisch sein und die Ziele und Strategien des Unternehmens sowie die Wettbewerbsposition widerspiegeln. Jedoch ist zu beachten, dass alle Kriterien gleichermaßen wichtig sind, weshalb man sie gemäß ihrer Bedeutung für das jeweilige Unternehmen gewichten sollte.

Auswahlkriterien \ Unternehmen	IT	Bürobedarf	Sicherheits-service	Elektro	Dokumen-tation	Bürowaren	Schwer-transporte	Software	Energie-versorger
Beziehungsstärke und Empfänglichkeit des Kunden für Idee des Account Managements	✓	✓			✓			✓	✓
Kunden sind in mehreren Regionen nennenswert vertreten	✓					✓	✓		
Zukunftspotenzial	✓						✓	✓	✓
Zentraler Einkauf oder Einfluss auf den Einkauf		✓	✓		✓	✓			
Kunde nutzt Angebots-spektrum des Verkäufers				✓		✓			
Geschäftsvolumen	✓				✓	✓	✓	✓	✓
Rentabilität									✓
Kunde an Produktentwicklung beteiligt					✓				
Lernwert									✓
Kunde bereit, Geschäftsplan und Strategien offenzulegen					✓				
Stärke der Geschäftsbeziehung				✓		✓	✓		
Kreditwürdigkeit						✓			
Referenzwert									✓

Abbildung 5: Auswahlkriterien für strategische Accounts –
Beispiel von neun Unternehmen

Die Auswahl strategischer Accounts muss auf der Basis von Kriterien erfolgen, die streng und bis zu einem gewissen Grad quantifizierbar sind und den Wert von Kundenbeziehungen erfassen. Das mit dem Kunden erzielte **Geschäftsvolumen** wird am häufigsten für die Auswahl strategischer Accounts genutzt. Dafür gibt es einen guten Grund. Erstens können Informationen dieser Art leicht zusammengetragen werden, weil Firmen üblicherweise die für die strategische Account-Analyse benötigten Daten zum Verkaufsvolumen verfügbar haben. Zweitens beschreibt das Geschäftsvolumen außer der Größenordnung des Geschäfts auch das Gewinnpotenzial. Wie schon in der Rentabilitätsanalyse von Kundenbeziehungen gezeigt, bilden Großkunden in der Regel das finanzielle Rückgrat des Geschäfts. Sie tragen nicht nur einen Großteil zum positiven Cash-Flow bei, sondern haben auch das Potenzial für immense Rentabilitätsverbesserungen. Wenn eine Firma hohe Fixkosten hat und die Grenzkosten der Angebotserbringung gering sind, wie beispielsweise bei Serviceleistungen für Fluggesellschaften, ist es für das Risikomanagement wichtig, auch den Anteil an den Gesamtverkäufen in die Auswahlkriterien mit einzubeziehen.

Andere Kriterien, die bei der Auswahl strategischer Accounts zu berücksichtigen sind, definieren das **Geschäftspotenzial** innerhalb einer Kundenbeziehung. Die Bewertung des strategischen Account-Beziehungspotenzials kann, zusätzlich zum Anteil am Einkaufsbudget des jeweiligen Kunden, eine Einschätzung seiner Branche, die Wachstumsrate der betreffenden Branche sowie die Position des Kunden in dieser Branche beinhalten. Wachstumsraten und Rentabilität variieren von Branche zu Branche und in besonderem Maße auch von Unternehmen zu Unternehmen aus derselben Branche. Im Idealfall sollten Lieferantenunternehmen versuchen, entweder mit den jeweiligen Branchenführern zusammenzuarbeiten oder die zukünftigen Gewinner bzw. Branchenführer schnell wachsender Branchen zu ermitteln.

Auch zusätzliche Wertkomponenten von Kundenbeziehungen, wie zum Beispiel der **Referenz- und Kompetenzwert**, sollten bei der Auswahl strategischer Accounts berücksichtigt werden. Zur Einbeziehung des Kundenkompetenzwertes sollten die Auswahlkriterien eine Einschätzung des Kunden als Wissens- und Lernquelle umfassen. Die Innovationsfähigkeit variiert erheblich unter den Kunden. Einige Kunden, deren Wert gemessen am Geschäftsvolumen nicht besonders hoch ist, könnten – gemessen an ihrer Innovationsfähigkeit und der Fähigkeit, Lieferanten zur Weiterentwicklung ihrer eigenen Geschäftspraktiken zu zwingen – hervorragende strategische Accounts sein.

Die **strategische Komplementarität** des Lieferantenangebots und der Prozesse potenzieller strategischer Accounts ist ein wichtiges Merkmal bei der Bewertung der Kundenbeziehungen. Dabei sollte man folgenden Punkten Beachtung schenken:

- **Strategische Bedeutung**
  Die Rolle des Lieferanten bei den Kundenprozessen und die Bedeutung des Lieferantenangebots für den Kunden haben Auswirkungen auf das Management strategischer Accounts. Ist das Angebot für den Kunden nur von geringer Bedeutung, wird der Kunden kein Interesse an hohen Investitionen in die Beziehung zu seinem Zulieferer zeigen. Ist das Angebot jedoch von großer Bedeutung, ist die Bereitschaft zur Co-Produktion und Co-Entwicklung höher.

- **Produkt/Produktkomplexität**
  Wenn große Lieferanten die Einführung von SAM erwägen, spielt die Schaffung von Effizienz in einer Multiproduktumgebung meist eine große Rolle. Durch die Koordinierung des Verkaufsprozesses mehrerer Produkte zu einem Multiproduktangebot lässt sich ein beträchtlicher Wert erzielen. Größere Käufer und Benutzer der verschiedenen Firmenprodukte oder -kanäle könnten einen interessanten Typus strategischer Accounts darstellen.

- **Outsourcing**
  Outsourcing erfordert üblicherweise ein weitreichendes Reengineering der Beziehungsprozesse zwischen Lieferanten und Kunden. Diese Reengineering-Anstrengung sollte auf langfristigem Engagement und der Bereitschaft zur kontinuierlichen Prozessverbesserung basieren. Viele dieser Ideen ähneln strategischen Account-Management-Praktiken, weshalb ein potenzieller Outsourcing-Kunde in das strategische Account-Portfolio mit einbezogen werden kann.

All dies zeigt, dass effizientes strategisches Account Management gewisse Prozessmerkmale des Kunden erfordert. Das wichtigste Merkmal dürfte sein, dass der Kunde die Effizienz einer langfristigen Win-win-Beziehung schätzt, um die Initiativen, die der Lieferant in einem strategischen Account-Management-Programm ergreift, auch zu würdigen. Weitere wichtige Punkte bei der Bewertung der Kundenprozesse sind:

- der Einkaufsprozess und die Einkaufspraktiken,
- gemeinsame Werte,
- die Beziehungsentwicklung,
- die Praktiken der Entscheidungsfindung,
- die geographische Präsenz.

Allgemein gesagt können die **Einkaufspraktiken** der Kunden entlang einer Achse analysiert werden, mit einzelnen, kurzfristigen Transaktionen („Spot Trading" wie am Erdölmarkt) an dem einen Ende der Achse und einem längerfristigen Abkommen oder Vertrag am anderen Ende. Es liegt auf der Hand, dass Kunden, die eine Einkaufspraxis der Einzeltransaktion bevorzugen, keine sehr loyalen Kunden sein werden und höchstwahrscheinlich kein großes Interesse für die Praxis des strategischen Account Management aufbringen werden.

> *Bei strategischen Account-Management-Programmen muss sich die Auswahl danach richten, wie sich der Kunde beim Einkaufsprozess verhält. Der Einkauf muss auf hoher Ebene erfolgen und im gesamten Unternehmen mandatiert werden.*
>
> Hersteller von Bürobedarfsartikeln

Vertrauen ist ein wichtiger Bestandteil, wenn nicht sogar eine unabdingbare Voraussetzung für effizientes SAM. Vertrauen gründet auf gemeinsamen Werten bei den Zielen der Geschäftsentwicklung, bei Personalmanagementansätzen usw. Eine langfristige Sicht der Kundenbeziehungen erfordert gemeinsame Werte.

> *Die Auswahl ist einer der wichtigsten Aspekte beim Account Management. Man muss Unternehmen auswählen, die für die Idee des Account Managements empfänglich sind. Aus diesem Grund muss das Auswahlverfahren mit einem Interviewprozess beginnen, bei dem Kunden vorzugsweise auf höchster Ebene befragt werden. Das gilt für strategische Accounts in besonderem Maße. Der Grundgedanke beim Interview ist, den Kunden über das Programm und eventuell außerhalb der Produktpalette zu verrichtende Tätigkeiten zu informieren. Wir haben unseren Kunden gesagt, dass wir uns gemeinsam um Fragen des Personalmanagements kümmern, unsere eigene Kompetenz beim Downsizing und Rightsizing teilen und einige unserer eigenen großen Ressourcen zugänglich machen könnten. Als Gegenleistung wollten wir eine verbindliche Zusage des Kunden, uns als einzige Bezugsquelle zu erachten. Es ging mehr um eine partnerschaftliche als um eine „Verkaufen-um-jeden-Preis"-Beziehung.*
>
> Hersteller von Bürobedarfsartikeln

Eine gemeinsame Vorgeschichte auf geschäftlicher Basis schafft die Voraussetzungen für eine systematische Beziehungsentwicklung. Die **Dauer der Account-Beziehung** kann somit ein guter Indikator für die Chancen zur Effizienzsteigerung durch SAM sein. Während sich die beiden Seiten langsam näher kennen lernen, entstehen persönliche Bindungen zwischen den Hauptakteuren auf der Kunden- und der Anbieterseite. Der Kunde gibt Informationen über betriebliche Vorgehensweisen, Entscheidungsträger und Praktiken der Entscheidungsfindung preis. Auch liefert er Informationen über einige Komponenten der Ziele, Strategien und Geschäftspläne sowie Stärken, Schwächen und Geschäftschancen seines Unternehmens.

Die für die Entscheidungsfindung relevanten Kriterien für die Auswahl der Zulieferer und der Partner müssen bekannt sein. Manche Kunden treffen Entscheidungen auf der Grundlage einer sehr rationalen Bewertung und erwarten ausgefeilte Analysen und quantifizierbare Ergebnisse für die Entscheidungsfindung. Andere Kunden fällen ihre Entscheidungen auf der Grundlage gemeinsamer Werte. In gesättigten Branchen wiederum kommt es häufig zu extrem strengen Strukturen und Verfahrensweisen, die es unmöglich machen, Kriterien bei der Entscheidungsfindung zu beeinflussen.

Ein weiterer zentraler Aspekt bei der Bewertung des Prozesses der Entscheidungsfindung des Kunden ist der Grad der Zentralisierung. Die Aktivitäten des strategischen Account Management sind sehr unterschiedlich, je nachdem ob es sich um sehr dezentral organisiertes oder stark zentralisiertes Unternehmen handelt. Einerseits bietet eine zentralisierte Entscheidungsfindung eine gute Grundlage für strategische Account-Management-Aktivitäten, weil die Kontaktmatrix weniger komplex ist. Andererseits führt eine sehr dezentral organisierte Entscheidungsfindung im Allgemeinen zur Suboptimierung, weshalb es einfacher sein kann, das durch systematisches Beziehungsmanagement erzielbare Wertpotenzial zu quantifizieren.

Schließlich haben wir uns nach Unternehmen umgesehen, bei denen die Einkaufsentscheidungen zentral beeinflusst werden und die Unternehmensebene lokalen Werken die Empfehlung erteilt: „ Wir glauben, dass dieses Produkt Wert bietet. " Folglich müsste ein lokaler Manager, der ein anderes Produkt auswählen möchte, seine Entscheidung auf Unternehmensebene rechtfertigen.

Hersteller industrieller Sicherheitssysteme

Die **geographische Streuung** der Kundenaktivitäten kann Chancen für das strategische Account Management bieten. Einige Aspekte, die sich auf die Bewertung der Kundenprozesse auswirken, betreffen die Fragen, ob der Kunde in denselben Ländern vertreten ist wie der Zulieferer, ob der Kunde global oder lokal agiert und ob der Kunde global expandiert. Andere branchen- und unternehmensspezifische Kriterien können je nach Bedarf entwickelt werden. Sind die Aktivitäten des Kunden dezentral organisiert und geographisch weit gestreut, so kann der Account Manager oder das Account Team faktisch oft einen besseren Überblick über die aktuelle Situation des Kunden und eventuelle Verbesserungsmöglichkeiten haben als das kundeneigene Management. Dies eröffnet möglicherweise neue Geschäftschancen, die man nicht ignorieren sollte. In einigen Fällen könnten Kunden die Account Manager sogar als externe Business Controller für das Follow-up interner Aktivitäten einsetzen.

Bei der Auswahl strategischer Accounts ist ferner das **Risiko in der Kundenbasis** des Lieferanten zu berücksichtigen. Betrachtet man Kundenbeziehungen als Assets, so müssen strategische Account-Management-Praktiken auch die Risiken beim Management dieser Assets berücksichtigen. Eine Größe, die bei der Bewertung der Beziehungsrisiken beachtet werden sollte, ist die Stärke der Kundenbeziehung. Diese Beziehungsstärke kann als Gradmesser für die relativen Risiken auf der Ebene der Kundenbasis angesehen werden: je stärker die Kundenbeziehung, desto geringer die Risiken.

Die Beziehungsstärke ist das Ergebnis der vom Lieferanten in der Beziehung aufgebauten Bindungselemente. Die Bewertung von Bindungen könnte auf der Beurteilung existierender struktureller Bindungen basieren, zum Beispiel auf der Betrachtung rechtlicher, wirtschaftlicher, technischer, geographischer oder zeitbezogener Faktoren, die den Kunden in eine engere Zusammenarbeit mit dem Lieferanten einbinden. Einige Bindungen gründen aber auch auf der Kundenwahrnehmung (wahrgenommene Beziehungsstärke) und beziehen sich zum Beispiel auf Kompetenz, Kultur, Unternehmensphilosophie oder psychologische Faktoren. Auch die Kundenzufriedenheit kann eine wahrgenommene Beziehungsstärke darstellen und somit bei der Bewertung der Kundenstärke als Komponente mit einbezogen werden.

Die Stärke einer strategischen Account-Beziehung kann intern bewertet werden, zum Beispiel indem man alle im SAM-Bereich tätigen Mitarbeiter Fragebögen ausfüllen lässt und die Leistungen und Aktivitäten strategischer Accounts in den Firmenprozessen analysiert. Letzteres kann zum Beispiel durch eine Analyse der erworbenen Produktarten und Serviceleistungen und deren Auswirkungen auf die Bindungen erfolgen. Interne Bewertungsmethoden lassen sich dabei durch externe ergänzen, wie zum Beispiel Umfragen zur Kundenzufriedenheit und Feedback- oder Beschwerdeindizes.

Bei der Bewertung der Stärke einer strategischen Account-Beziehung sollten mehrere Größen berücksichtigt werden. Als erstes muss die Art der Aktivitäten in einer strategischen Account-Beziehung, zum Beispiel hinsichtlich gelieferter Produkte und Serviceleistungen, bewertet werden. Als zweites müssen die sozialen Bindungen zwischen dem Management des Zulieferers und des Accounts beurteilt werden. Das folgende Fallbeispiel eines IT-Unternehmens zeigt einige Tools auf, die zur Messung dieser beiden Größen eingesetzt werden können.

Fallbeispiel (● IT-Unternehmen)

Ein IT-Unternehmen beurteilt die Stärke seiner strategischen Account-Beziehungen mithilfe des nachfolgenden Bewertungstools. Der Bewertung liegt der Gedanke zu Grunde, dass sich verschiedene Produkte und Serviceleistungen auch unterschiedlich auf die Bindungen bei Kundenbeziehungen auswirken. Jedes Mal wenn einem Kunden Produkte oder Serviceleistungen bereitgestellt werden, wird vom verantwortlichen Mitarbeiter ein elektronisches Formular ausgefüllt. Darin werden je nach Art der für den Kunden bereitgestellten

- Produkte
- Software- oder Anwendungsdienste
- Infrastrukturdienste

Punkte verteilt. Die Indexwerte für die Stärke einer strategischen Account-Beziehung werden dann in Abhängigkeit vom Soll-Ziel für den jeweiligen strategischen Account und der momentanen Ist-Situation berechnet.

Neben diesen Indexwerten für strategische Account-Beziehungen bewerten die jeweiligen Sachbearbeiter mithilfe des folgenden Tools auch die **sozialen Bindungen** zwischen den Mitarbeitern und die Kontakte zwischen den Systemen des Zulieferers und des Accounts. Die Bewertung erfolgt durch eine Benotung der verschiedenen Dimensionen sozialer Bindungen in einer strategischen Account-Beziehung.

Quelle: Interview -

1. Produkte		Aktuelle Situation Gewichtung (Anteil an allen Produktinvestitionen)			Ziel (Anteil an allen Produktinvestitionen)		
Peripheriegeräte	x1	☐ 0–30 %	☐ 31–60 %	☐ 61–100 %	☐ 0–30 %	☐ 31–60 %	☐ 61–100 %
Software-Pakete	x2	☐ 0–30 %	☐ 31–60 %	☐ 61–100 %	☐ 0–30 %	☐ 31–60 %	☐ 61–100 %
Arbeitsstation	x2	☐ 0–30 %	☐ 31–60 %	☐ 61–100 %	☐ 0–30 %	☐ 31–60 %	☐ 61–100 %
Aktive Netz-Komponenten	x2	☐ 0–30 %	☐ 31–60 %	☐ 61–100 %	☐ 0–30 %	☐ 31–60 %	☐ 61–100 %
Server	x4	☐ 0–30 %	☐ 31–60 %	☐ 61–100 %	☐ 0–30 %	☐ 31–60 %	☐ 61–100 %
proprietäre Ausstattung	x4	☐ 0–30 %	☐ 31–60 %	☐ 61–100 %	☐ 0–30 %	☐ 31–60 %	☐ 61–100 %
		x0,5	x1,0	x1,5	x0,5	x1,0	x1,5

2. Software/Application Services Setzen Sie die entsprechende Zahl ein	Aktuelle Situation Gewichtung (Position als Software/ Application Anbieter)	Ziel Gewichtung (Position als Software/ Application Anbieter)
1 = das Wichtigste	x3 ☐ Beratung	☐ Beratung
2 = an 2. Stelle	x4 ☐ Office System	☐ Office System
3 = an 3. Stelle	x4 ☐ Systemberatung	☐ Systemberatung
0 = nicht sehr signifikant	x5 ☐ Package System (nicht strategisch)	☐ Package System (nicht strategisch)
	x5 ☐ System Integration (Anbieter hat volle Verantwortung)	☐ System Integration (Anbieter hat volle Verantwortung)
	x 8 ☐ Package System (strategisch)	☐ Package System (strategisch)
	x10 ☐ Voll maßgeschneiderte, wesentliche betriebliche Anwendung	☐ Voll maßgeschneiderte, wesentliche betriebliche Anwendung
3. Infrastruktur Services Setzen Sie die entsprechende Zahl ein	Aktuelle Situation Gewichtung (Position als Infrastruktur Anbieter)	Ziel Gewichtung (Position als Infrastruktur Anbieter)
1 = das Wichtigste	x1 ☐ Ad-hoc-Installation	☐ Ad-hoc-Installation
2 = an 2. Stelle	x2 ☐ Spezialisierte Dienste	☐ Spezialisierte Dienste
3 = an 3. Stelle	x3 ☐ Spezialisierte Beratung (Prozesse etc.)	☐ Spezialisierte Beratung (Prozesse etc.)
0 = nicht sehr signifikant	x3 ☐ Wartungsvertrag	☐ Wartungsvertrag
	x3 ☐ Bedeutender Wiederverkäufer	☐ Bedeutender Wiederverkäufer
	x4 ☐ Fortgesetzte Expertendienstleistung	☐ Fortgesetzte Expertendienstleistung
	x5 ☐ Fernkontrolle/Überwachung	☐ Fernkontrolle/Überwachung
	x6 ☐ Ausgedehnter Helpdesk für Enduser	☐ Ausgedehnter Helpdesk für Enduser
	x8 ☐ Anwendung als Dienstleistung	☐ Anwendung als Dienstleistung
	x10 ☐ Outsourcing	☐ Outsourcing

	Kundenkontaktpunkte (1 = zufällige Bekanntschaft, 6 = weit angelegte Kontaktpunkte zwischen Kunde und Anbieter)		System (1 = zufällige Ad-hoc-Kontakte hin und wieder, 6 = gut organisierte Aktivitäten)	
1. Business Unit Management	Note: _____	x2 =	Note: _____	x2 =
2. Operatives Management der IT	Note: _____	x4 =	Note: _____	x4 =
3. Strategisches Management der Business Unit	Note: _____	x6 =	Note: _____	x6 =
4. Strategisches Management der IT	Note: _____	x8 =	Note: _____	x8 =
5. „Oberbefehl" durch den Kunden	Note: _____	x10 =	Note: _____	x10 =
		Summe 1:		Summe 2:
	Gesamtsumme = (Summe 1 und Summe 2)			
	Note (Gesamtsumme/60)			

Auswahl der strategischen Accounts

Eine erste Auswahl strategischer Accounts kann in zwei ineinandergreifenden Stufen erfolgen: der Beziehungswertmessung und der Beziehungsbewertung. Die **Beziehungswertmessung** beinhaltet die Beurteilung der Account-Beziehungen gestützt auf mehrere hauptsächlich **numerische Messungen.** Ziel dieser Beurteilung ist es, eine grobe Rangordnung der Accounts zu erhalten, die dann später in der Beziehungsbewertung weiter ausgearbeitet wird, um ein detaillierteres Bild von der Bedeutung der Accounts zu bekommen. Geeignete Messkriterien sind zum Beispiel:

- das Geschäftsvolumen,

- die jährliche Rentabilität der Account-Beziehung,

- das Geschäftspotenzial innerhalb der Account-Beziehung,

- der Referenzwert, das heißt die Möglichkeit, die Account-Beziehung zur Neukundenakquise einzusetzen,

- der Kompetenzwert, das heißt die Möglichkeit zur Co-Entwicklung von Produkten oder anderen notwendigen Kompetenzen.

Diese Kriterien haben nicht alle denselben Stellenwert, weshalb jedes Unternehmen auf der Grundlage eigener Erfahrungen und Kenntnisse der jeweiligen branchenspezifischen Geschäftslogik eine eigene Gewichtung vornehmen muss. Das folgende Fallbeispiel gibt Aufschluss darüber, wie die Auswahlkriterien von einem Energieversorgungsunternehmen gewichtet werden.

Fallbeispiel (• **Energieversorgungsunternehmen**)

Nach einer erfolgreichen Fusion erkannte das Management eines Energieversorgungsunternehmens, dass es an der Zeit war, die Kundenbeziehungen des neu entstanden Unternehmens genauer zu untersuchen. Die Ermittlung der Key Accounts schien dabei besonders schwierig zu sein. Die Kunden waren bis dahin nach ihrem Verkaufsvolumen hauptsächlich in große, mittlere und kleinere Firmenkunden sowie Privatkunden unterteilt worden. Diese Einteilung war zu stark vereinfachend und zweifellos unzulänglich. Das Management hielt es für notwendig, die 20 wichtigsten Kunden als Key Accounts zu ermitteln.

Die Kundenanalyse erfolgte in mehreren Schritten. Beim ersten Schritt wurden diejenigen Kunden ermittelt, mit denen das Unternehmen jedes Jahr ein bestimmtes Umsatzvolumen erreichte (hierfür wurde ein sehr niedriger Wert veranschlagt). Die 100 Kunden, die unter diese Kategorie fielen, wurden von diesem Zeitpunkt an als potenzielle Key Accounts behandelt.

In einem zweiten Schritt wurden diese potenziellen Key Accounts einer näheren Analyse unterzogen, die auf sechs unterschiedlichen, nach ihrer Bedeutung für das Unternehmen gewichteten Kriterien beruhte. Das allerwichtigste Kriterium war hierbei das Verkaufsvolumen. Der Bedeutung nach folgten die Rentabilität und die Stärke der Kundenbeziehung, die zusammen mit dem Zukunftspotenzial und dem Referenz- und Lernwert der Beziehung analysiert wurden.

Die zu Grunde gelegten Kriterien und ihre Gewichtung waren:

Verkaufsvolumen	30 Prozent
Rentabilität	20 Prozent
Beziehungsstärke	20 Prozent
Zukunftspotenzial	10 Prozent
Referenzwert	10 Prozent
Lernwert	10 Prozent

Der dritte Schritt sah eine Bewertung der so analysierten Kunden vor. Die potenziellen Key Accounts wurden im Hinblick auf jedes Kriterium einzeln beurteilt, wobei die besten 20 Prozent in jeder Kategorie die höchste (5 Punkte) und die schlechtesten 20 Prozent die niedrigste Punktzahl (1 Punkt) erhielten. Nachdem alle Punkte auf diese Weise vergeben worden waren, wurde, gemäß der unterschiedlichen Gewichtung der einzelnen Kriterien, für jeden Kunden ein Durchschnittswert errechnet.

Der letzte Schritt in diesem Bewertungsprozess bestand in einer abschließenden Überprüfung der so erhaltenen Ergebnisse durch das Sales Management. Ein aus beiden fusionierten Unternehmen zusammengesetztes Vertriebsleiterteam ging die Kundenliste durch und nahm, soweit es dies für notwendig erachtete, einige letzte Änderungen vor. Nach ihrer jeweils erreichten Punktzahl und Bewertung werden die wichtigsten Kunden seither als Key Accounts angesehen und dementsprechend betreut.

Diese Analyse bildet die Grundlage für die Auswahl von Key Accounts in diesem Energieversorgungsunternehmen und dient gleichzeitig als Entscheidungshilfe bei Fragen der Ressourcenverteilung. Ändert man die Gewichtung, lässt sich das Modell sogar für Simulationszwecke nutzen. Legt man den Schwerpunkt auf das aktuelle Verkaufsvolumen und die Rentabilität, so ergeben sich daraus die Key Accounts von heute. Verlagert man den Schwerpunkt hingegen mehr in Richtung Zukunftspotenzial und Referenzwert des Kunden, so erhält man die Gewinner von morgen.

Quelle: Interview

Diese erste Stufe der Analyse zur Ermittlung des Beziehungswertes lässt sich als „Excel-Übung" absolvieren. Die Analyse besteht aus Zahlenwerten und kann mit Grafiken, Matrizen, Tabellen usw. dargestellt werden. Durch eine Gewichtung der verschiedenen Aspekte des Kundenwerts durch den Lieferanten, können Kunden nach ihrem jeweiligen Wert für das Unternehmen eingestuft werden.

Rein auf Zahlen basierende Einschätzungen sind bei der Auswahl strategischer Accounts nur selten hinreichend, da sie ausschließlich quantifizierbare Aspekte einer Beziehung berücksichtigen. Eine tiefergehende Beurteilung ist gefragt. Dafür ist in einer Firma der Input der Führungskräfte aus Marketing und Vertrieb erforderlich. In der Stufe der **Beziehungsbewertung** sollten die auf Zahlenwerten beruhenden Indikatoren für den Kundenwert detaillierter beurteilt werden. Dabei sollte eine Vielzahl von unterschiedlichen Beziehungsaspekten berücksichtigt werden, die eine **qualitative Beurteilung** und ein tiefgehendes Verständnis der betreffenden Kundenbeziehung erfordern.

Wenn sich ein SAM-Programm etabliert hat und Follow-up- und Planungsprozesse für strategische Accounts in einer Firma standardmäßig durchgeführt werden, verliert die Auswahl strategischer Accounts an Bedeutung und der Account-Planungsprozess konzentriert sich auf Zielvorgaben für ausgewählte strategische Accounts und die Ermittlung notwendiger Aktionen. Dennoch bleibt eine kontinuierliche Überprüfung der ausgewählten Accounts auch weiterhin erforderlich, um sicherzustellen, dass diese nach wie vor die für strategische Accounts vorgegebenen Kriterien erfüllen. Ebenso muss auch die Kundenbasis zur Ermittlung neuer strategischer Accounts konstant analysiert werden.

Eine der größten Fallen beim Account Management besteht darin, zu viele Accounts zu haben. Man benötigt sehr strenge Bewertungskriterien, an die man sich unbedingt halten muss. Wir stufen Kunden nur dann als Key Accounts ein, wenn wir für sie speziell zuständig sind (die Kunden also uns den Vorzug geben). Aus diesem Grund nehmen wir Kunden auch wieder aus dem Account-Programm heraus, wenn sie nicht mehr in dieses Programm passen.

Hersteller industrieller Sicherheitssysteme

Was – Angebotsgestaltung bei strategischen Account-Beziehungen

Nicht alle strategischen Accounts sind gleich!

Die Vorgehensweisen beim strategischen Account Management unterscheiden sich in Abhängigkeit von der jeweiligen Branche des Unternehmens, den spezifischen Merkmalen der Kundenbranche und den Zielen des SAM-Programms – teilweise sogar beträchtlich. Um für strategische Accounts wirklich wertvolle Angebote entwickeln zu können, müssen Unternehmen die wichtigsten Unterschiede und treibenden Kräfte in den Wertschöpfungsprozessen der verschiedenen strategischen Accounts analysieren. Das folgende Fallbeispiel der DHL Airways zeigt, wie die Analyse der bestehenden strategischen Accounts eines Unternehmens zur Entwicklung neuer Angebote für unterschiedliche Gruppen innerhalb der strategischen Accounts geführt hat.

Fallbeispiel (• **DHL Airways**)

DHL Airways agiert im internationalen Flugtransportgeschäft und ist ein Teil des DHL Worldwide Express Network. Mit einem Netz von über 80 000 Zielen in mehr als 220 Ländern ist DHL der weltweit führende Anbieter von Flugtransportdienstleistungen und verfügt über eine breitgefächerte Kundenbasis.

Mitte der 90er Jahre wurde dem Global Accounts Management Team von DHL bewusst, dass die Account-Management-Ressourcen nicht richtig auf die Kunden verteilt waren. Eine kleine Gruppe sehr einträglicher Kunden nahm die Ressourcen fast völlig in Beschlag, weshalb die Account Manager nicht mehr genügend Zeit für die anderen Kunden hatten, die trotz ihrer geringeren Anforderungen genauso bedeutend für den Erfolg von DHL waren. Mit den Key Accounts wurde allerdings ein wesentlicher Anteil der DHL-Erträge erwirtschaftet und somit war es unerlässlich, diesen Accounts den bestmöglichen Service zu bieten.

Das Global Accounts Management Team untersuchte diese Situation über einen Zeitraum von neun Monaten und führte mit dem Input von sieben Außendienstleitern im Sommer 1997 eine **Global Accounts Segmentation Strategy** ein. Durch diese erneute Kundensegmentierung wollte DHL die Kundenunterstützung verbessern und letztlich die Unternehmensgewinne maximieren. Ausgehend von der Einsicht, dass die Kunden unterschiedliche Erwartungen an DHL haben, wurden die Global Accounts nun in vier verschiedene Gruppen unterteilt.

1. Die **Key Accounts** bestanden aus amerikanischen Großkunden, die weniger komplexe Serviceleistungen verlangten und den Service von DHL eher aus Bequemlichkeit nutzten. Der Preis war für diese Gruppe ein bedeutender Faktor und die lokalen Außendienstmitarbeiter spielten eine maßgebliche Rolle bei der Erbringung der erforderlichen Serviceleistungen.

2. Die **Global Accounts** waren stark vom weltweiten Flugtransport abhängig und benötigten maßgeschneiderte Serviceleistungen. Unternehmen aus dieser Gruppe waren gewillt, langfristige Beziehungen aufzubauen, und verließen sich auf die Unterstützung von DHL bei komplizierten Entscheidungsfindungsprozessen.

3. Die **Network Global Accounts** waren große, komplexe Accounts, die viel mit den Global Accounts gemein hatten, aber im Gegensatz zu diesen die Zusammenarbeit des gesamten DHL-Netzes im Rahmen einer einzigen Strategie erforderten.

4. Die **Financial Accounts** waren Unternehmen aus dem Finanzsektor, für die auf Grund der für diese Branche charakteristischen Herausforderungen individuell angepasste Serviceleistungen bereitgestellt wurden.

Die Verantwortung für diese neue Strategie oblag einem Vice President of Global Accounts. Ihm waren ein Director of Key Account Managers, zwei Directors of Global Account Managers und ein Manager of the Financial Group unterstellt.

Die von DHL vorgenommene Kundensegmentierung war insofern einzigartig, als sie die Kunden nicht nach ihrer Produktnutzung oder geographischen Verteilung, sondern vielmehr nach ihren Bedürfnissen und Erwartungen segmentierte. Bei der Bereitstellung von Serviceleistungen für die Key Accounts konnte DHL sich auf den eigenen Prozess konzentrieren und den Schwerpunkt hauptsächlich auf den Preis legen.

Bei den Global Accounts bildete der Kundenprozess die Grundlage, wohingegen die Network Global Accounts von DHL die Intensivierung der eigenen Prozesse und ein einheitliches Auftreten gegenüber dem Kunden verlangten. Die Financial Accounts wurden spartenspezifisch ausgewählt und erforderten angemessenes Fachwissen. Diese Strategie versetzte DHL in die Lage, seine Ressourcen effektiver zu nutzen und seinen Kunden einen besseren Service zu bieten.

Quelle: NAMA

Das Beispiel von DHL Airways zeigt, wie wichtig es ist, die Unterschiede zu analysieren, die den strategischen Account-Beziehungen eines Unternehmens zu Grunde liegen. Unterschiedliche Kundeneigenschaften können dazu herangezogen werden, die SAM-Praktiken nach den speziell auf die unterschiedlichen Bedürfnisse strategischer Accounts zugeschnittenen Angeboten zu differenzieren.

Abbildung 6 zeigt ein Positionierungstool zur Bestimmung der SAM-Praktiken, die ein Lieferant beim Management seiner wichtigsten Kunden anwenden sollte. Der Zweck dieses Tools ist, eine analytische Perspektive für die Ermittlung und Definition strategischer Account-Portfolios zu eröffnen. Die Matrixdimensionen stehen für die Rolle des Lieferanten in den Kundenprozessen, ob unterstützend oder integrativ, und die Eigenschaften der Kundenbeziehung, ob transaktionsbasiert oder kooperativ.

Die **Rolle des Lieferanten** und seine Bedeutung als Zulieferer des Kunden wirken sich auf die Art der erforderlichen SAM-Aktivitäten aus. Die Kernfrage ist, ob der Lieferant an den Hauptgeschäftsprozessen des Kunden beteiligt ist oder ob ihm lediglich eine Support-Funktion zukommt. Übt er nur eine Support-Funktion aus, bedeutet dies, dass der Kunde den Lieferanten nur mit den weniger wichtigen Prozessen betraut. Ein typisches Beispiel hierfür ist die Lieferung von Bürobedarfsartikeln an ein forstwirtschaftliches Unternehmen. Spielt der Lieferant eine integrale Rolle, ist er an den Hauptgeschäftsprozessen des Kunden beteiligt. Das Angebot des Lieferanten spielt dann also eine bedeutende Rolle beim Erhalt der Wettbewerbsfähigkeit des Kunden in seinem Markt. Ebenso spielt der Lieferant eine bedeutende Rolle, wenn es darum geht, den Kunden beim Erreichen seiner Ziele zu unterstützen und die von diesem entwickelten Strategien umzusetzen.

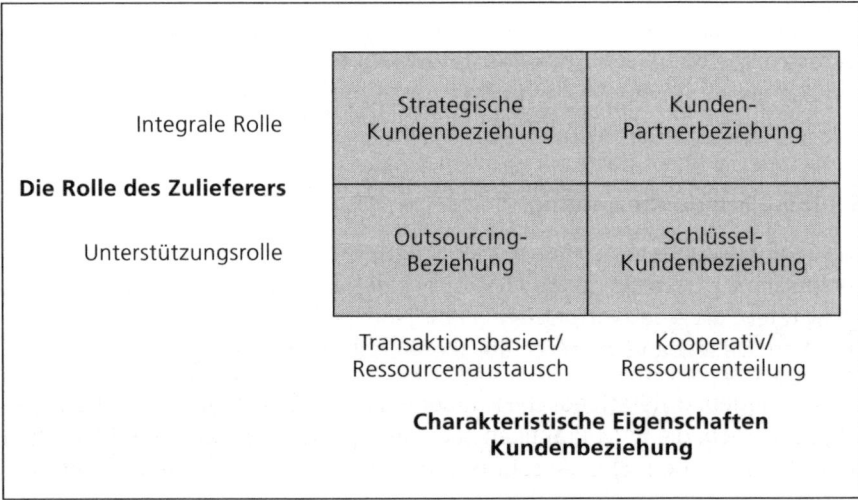

Abbildung 6: Positionierung strategischer Account-Beziehungen

Ein weiterer wichtiger Aspekt bezieht sich auf die Art der Kooperation zwischen Lieferant und Kunde, also auf die **charakteristischen Eigenschaften der Kundenbeziehung**. Die einfachere Beziehungsform ist eine **Transaktionsbeziehung**, bei der der Schwerpunkt auf dem Ressourcenaustausch liegt. Eine so gestaltete Beziehung kann man als „nicht tiefgehend" bezeichnen, da die Kooperation hauptsächlich logistischer Art ist. Der Lieferant muss in diesem Falle gewöhnlich seinen eigenen Prozess an die Wünsche des Kunden anpassen, während der Kunde nur wenig Interesse daran hat, seine eigenen Prozesse zu verändern oder anzupassen. Eine **komplexere Beziehungsform** erfordert ein großes Maß an kooperativen Aktivitäten und Ressourcenteilung. Der Hauptgedanke hierbei ist, die Prozesse des Kunden und des Lieferanten gut aufeinander abzustimmen, um die Beziehung effizient und effektiv zu gestalten. Alle Aktivitäten beider Seiten werden analysiert und diejenigen Aktivitäten, die keinen Wert generieren, eingestellt. Ziel ist dabei auch, die sich überschneidenden Prozessaktivitäten auf ein Minimum zu reduzieren.

Ausgehend von diesen beiden Beziehungsformen lassen sich vier verschiedene Arten von strategischen Account-Beziehungen definieren:

- Schlüsselkundenbeziehungen,
- strategische Kundenbeziehungen,
- Outsourcing-Beziehungen und
- Kunden-Partner-Beziehungen.

Die durch diese unterschiedlichen Beziehungsformen verursachten operativen Unterschiede bei den verschiedenen SAM-Praktiken sind erheblich. Das Leistungsangebot und die Möglichkeiten zur Nutzung von Wettbewerbsvorteilen sind bei jeder dieser Beziehungen anders.

Schlüsselkundenbeziehung

Die Schlüsselkundenbeziehung, als transaktionsbasierte Beziehung mit einer hauptsächlich unterstützenden Rolle des Lieferanten für den Kunden, umfasst Aktivitäten, die einen effizienten Verkaufsprozess für die wichtigsten Kunden schaffen. Dabei handelt es sich üblicherweise um volumenstarke Kunden, die lediglich einfache oder Einzellösungen benötigen. Die Vereinbarungen sind gewöhnlich kurz- oder mittelfristiger Natur (sogar Einmalkäufe zählen dazu) und ziehen keine komplexen Kontaktmuster nach sich. Der Zulieferer strebt eine Stellung als „präferierter Zulieferer" oder „Zulieferer erster Wahl" an.

Bei einer Schlüsselkundenbeziehung ist der Wettbewerbsvorteil in der Regel produktorientiert. Wichtige Aspekte sind Angebotsmerkmale und Preis sowie die Benefits, die sich aus dem Angebot ergeben. Die Entscheidungsfindung erfolgt normalerweise auf der Grundlage einer eingehenden Wettbewerbsanalyse der auf dem Markt vorhandenen Angebote. Für den Lieferanten ist es wichtig, sorgfältig einzugrenzen, wer die Entscheidungsträger sind, und in ein gutes Verständnis der Kundenspezifikationen zu investieren. Die Kundenzufriedenheit ist von großer Bedeutung und alle effizienzsteigernden Prozessentwicklungen werden der Wettbewerbsfähigkeit des Lieferanten zugute kommen.

Strategische Kundenbeziehung

Bei der strategischen Kundenbeziehung kommt dem Lieferanten beim Kunden eine strategisch wichtige Rolle zu, weshalb der Kunde üblicherweise das Angebot des Lieferanten langfristig aufrecht erhalten möchte. In einer strategischen Kundenbeziehung muss der Lieferant die Angebotsspezifikationen gemeinsam mit dem Kunden entwickeln. Aus diesem Grund besteht ein größerer Bedarf an Informationserhebung und Informationsaustausch. Da die Daseinsberechtigung der Beziehung an den langfristigen Erfolg des Kunden gebunden ist, ist der Kunde in hohem Maße daran interessiert einzuschätzen, in welcher Weise und in welchem Ausmaß das Angebot des Lieferanten den finanziellen Ertrag und die Möglichkeiten zur Zielerreichung beeinflusst.

Outsourcing-Beziehung

Die Outsourcing-Beziehung genannte strategische Account-Beziehung basiert auf Ressourcenteilung und kooperativen Maßnahmen, wobei die Rolle des Lieferanten unterstützender Art ist. Im Kontext einer Outsourcing-Beziehung definiert der Lieferant gewöhnlich das Leistungsangebot zu einer Serviceleistung um. Der Lieferant übernimmt die Verantwortung für einen bestimmten Prozess, der vorher vom Kunden selbst ausgeübt wurde, und stellt die sich aus dem Prozess ergebende Serviceleistung langfristig bereit.

Bei einer Outsourcing-Beziehung geht der Lieferant stärker serviceorientiert vor. Die entscheidende Frage ist, ob das Leistungsangebot des Lieferanten die Serviceleistungen in der selben Qualität erbringt, die der Kunde vor dem Outsourcing-Prozess gewohnt war. Die Entscheidung für eine Outsourcing-Beziehung basiert auf der Logik, dass der Lieferant auf diese Weise eine höhere Effizienz bei seinen Kosten erzielen kann. Dies trifft auf das Fallbeispiel Hansel (siehe unten) zu. Folglich ist es unbedingt erforderlich, den produzierten Wert quantifizieren zu können. Der wichtigste prozessbezogene Punkt ist, die Integration des Outsourcing-Prozesses in die übrigen Kundenprozesse zu gewährleisten. Voraussetzung hierfür ist eine Unternehmensorganisation, die den Informationsaustausch und die Ressourcenteilung erleichtert.

Fallbeispiel • Hansel ltd.

Hansel ist ein Unternehmen, das sich zum Ziel gesetzt hat, die Wettbewerbsfähigkeit seiner Kunden durch eine Verbesserung der Effektivität und Effizienz von Material und Einkauf zu steigern. Hansel bietet umfassende Lösungen für Hilfsmaterialien und Einkaufsvorgänge, um dem Kunden ein Outsourcing seines Einkaufs und die Konzentration auf seine Kernkompetenzen zu ermöglichen. Die Kunden des Unternehmens sind im öffentlichen Sektor tätig: Behörden, Ministerien, Gemeinden, Krankenhäuser, Schulen, Universitäten, Verkehrs- und Sicherheitsdienste.

Hansel fungiert hauptsächlich als Schnittstelle zwischen den Zulieferern und seinen eigenen Kunden. Hansel handelt mit den Zulieferern gemäß den Gesetzen zur Regelung des öffentlichen Einkaufs Geschäfte aus und bietet seinen Kunden eine breite Produktpalette an. Hauptquelle für die Kundenwertsteigerung sind jedoch nicht die niedrigeren Produktkosten, sondern die niedrigeren Einkaufskosten.

Das Outsourcing des Einkaufs ist ein komplizierter Prozess, dessen Umsetzung je nach Kunde und Organisation einen Zeitraum von mehreren Monaten bis zu mehr als einem Jahr benötigt. Auf erste Verhandlungen mit dem Topmanagement folgen eine Beurteilung des Einkaufs und der Logistikkette des Kunden, eine Kostenkalkulation und die Ausarbeitung eines Verbesserungsplans, aus dem der Kunde die Einsparungen ersehen kann, die aus dem Outsourcing des Einkaufs resultieren. Nach sorgfältiger Planung werden organisatorische Veränderungen vorgenommen, ein neues operatives Modell eingeführt und die Mitarbeiter zur Einführung in dieses neue Modell geschult.

Serviceleistungen werden für Hansel immer wichtiger. Versicherungsgeschäfte, Energieversorgung, Rekrutierung und andere Serviceleistungen werden in naher Zukunft wahrscheinlich zu einem Angebotsbestandteil von Hansel werden. Und wie bei den Produkten wird Hansel auch hier als Schnittstelle zwischen den Kunden und den Serviceanbietern auftreten.

Quelle: Hansel

Kunden-Partner-Beziehung

Eine Kunden-Partner-Beziehung („Client-Partnering") basiert auf der langfristigen Verpflichtung, die Entwicklung gemeinsam voranzutreiben und zusammen auf ein gemeinsames Ziel hinzuarbeiten. Client-Partnering lässt sich am besten als Prozess beschreiben, bei dem die Grenzen zwischen Kunde und Lieferant allmählich verschwinden. Bei einer Kunden-Partner-Beziehung liegt der Schwerpunkt auf einer langfristigen Entwicklung des Geschäfts des Kunden. Dies erfordert eine gemeinsame Vorgehensweise bei der Planung, Risikoteilung und Co-Produktion sowie bei der gemeinsamen Entwicklung neuer Lösungen. Da Client-Partnering ein hohes Maß an Vertrauen erfordert, ist die Verschmelzung der Organisationskulturen von Lieferant und Kunde von größter Bedeutung. Aus finanzieller Sicht können Kunden-Partner-Beziehungen auf einer offenen Buchführung basieren, sodass sämtliche Finanzdaten beiden Seiten zugänglich sind. Der Informationsaustausch ist also sehr weitreichend.

Je konsequenter der Ansatz ist, den ein Unternehmen beim Umgang mit verschiedenen Kundentypen verfolgt, desto größer ist die Wahrscheinlichkeit, dass die für den Kunden erreichte Wertsteigerung dessen Vorstellungen entspricht. Für ein konsequentes Management der Kundenbeziehungen muss ein Unternehmen genau festlegen, was den verschiedenen Kundentypen angeboten wird.

Die Angebotsentwicklung sollte auf der Analyse der Kundenprozesse basieren, damit das Unternehmen genau versteht, zu welchem Zeitpunkt es in den Kundenprozessen präsent sein muss. Die Entwicklung von Angeboten muss sich aber zugleich auf die firmeneigenen Kompetenzen stützen. Für eine Firma ist es besonders wichtig, die eigenen Kernkompetenzen zu erkennen und auf ihrer Grundlage die Strategien aufzubauen. Die Preisgestaltung ist bei der Angebotsentwicklung von besonderem Interesse und wird an späterer Stelle – nach der Darlegung einiger gemeinsamer Angebotskomponenten in SAM-Programmen – detaillierter besprochen werden.

Komponenten des Leistungsangebots

Ein Leistungsangebot besteht aus einer Kombination verschiedener Leistungskomponenten wie Waren, Serviceleistungen oder Informationen. Der Angebotskern unterscheidet sich selbstverständlich von Branche zu Branche. Zudem wird der Inhalt des Angebots durch die vom Anbieter angewandte SAM-Praxis beeinflusst. Die meisten Angebotskomponenten treten nur in der jeweils spezifischen Account-Beziehung und Branche auf. Folgende Angebotskomponenten für strategische Accounts scheinen jedoch vielen Branchen und Arten von Account-Beziehungen gemein zu sein:

- strategische Account-Organisation,
- Account-Plan und Account-Planung,
- Account-Executive-Programm,
- Kontaktpunkte mit dem Lieferanten,
- flexible Finanzvereinbarungen,
- Garantien,
- offene Buchführung.

Die zentrale und allen SAM-Systemen gemeinsame Komponente bezieht sich auf die Organisation und ist der **Account Manager (AM)**. Im ungünstigsten Falle ist der AM der einzige Benefit, den der Account erhält. Dadurch wird einer einzigen Person eine riesige Verantwortung übertragen und der Schwerpunkt auf die Auswahl des richtigen Account Managers gelegt. Der Account Manager ist sehr wichtig, aber seine Rolle muss durch ein systematisches Aktionsprogramm unterstützt werden. Je stärker Co-Produktion und Ressourcenteilung in der Account-Beziehung ausgebildet sind und je mehr der Lieferant zu einem integralen Bestandteil der Kundenprozesse wird, umso höher ist die Wahrscheinlichkeit, dass ein **Account Team** erforderlich ist. Es liegt auf der Hand, dass es bei komplexen Beziehungen mit Kontakten zwischen mehreren Funktionen und auf verschiedenen Ebenen praktisch unmöglich wäre, die Kundenbeziehung ohne ein aus den wichtigsten Beteiligten gebildetes Team zu managen. Die Steuerung der SAM-Praxis und die für ihre Umsetzung notwendigen Rollen und Aufgaben werden in Kapitel 3 näher behandelt.

Der Account-Plan ist das wichtigste Tool, um SAM systematisch und anwendbar zu gestalten. Gleichzeitig ist er auch ein Management-Tool für die Unternehmensspitze, um sicherzustellen, dass die geplanten Aktivitäten ausgeführt und die Ergebnisse erreicht werden. Er wird auch als Tool für die Kundenkommunikation benötigt. Der Account-Plan kann als Vorlage für die Account-Beziehung angesehen werden. Auch als Input für die Ressourcenverteilung ist er unentbehrlich. Folglich lässt sich der Account-Plan entweder als Investitionsplan betrachten, bei dem der Account Manager Vorschläge für Investitionen in bestimmte Account-Beziehungen unterbreitet, oder als Aktionsplan, bei dem der Account Manager eine Reihe von Aktionen generiert, die über das nächste Jahr auszuführen sind.

Strategische Accounts erfordern die Aufmerksamkeit der Geschäftsführung sowohl auf der Seite des Kunden als auch auf der Seite des Lieferanten. Zur Unterstützung der Wertschöpfung des Accounts müssen die strategischen Ziele des Accounts, der Geschäftsplan und mögliche Engpässe bei der Umsetzung der Strategie bestimmt werden. Die Account Manager haben nur selten Zugang zu diesen Informationen, und die einzige Möglichkeit, diese Punkte zu klären, ist, Kontakte zur Geschäftsführung des Kunden aufzubauen. Diese Kontakte sind umso relevanter, je stärker der Lieferant in die Kundenprozesse integriert wird und je umfangreicher die Ressourcenteilung in der Beziehung erfolgt.

> *Das Executive-Partnership-Programm wurde ins Leben gerufen, um engere Kundenbeziehungen aufzubauen. Es kann für einen Account Manager sehr schwierig sein, Zugang zu den Vorstands- und Geschäftsleitungsmitgliedern des Kunden zu erlangen. Wenn jedoch unsere eigenen Geschäftsführer in die Beziehung miteinbezogen werden, entwickelt sich eine andere Art der Beziehung und Bindung. Dann kann der Account Executive andere Führungskräfte zur Stärkung der Beziehung einsetzen.*

Energieversorgungsunternehmen

Viele Unternehmen haben ihre eigenen Account-Executive-Programme entwickelt, mit deren Hilfe sie sicherstellen, dass die leitenden Angestellten des Lieferanten für die Erhaltung der guten Beziehungen zu den jeweiligen leitenden Angestellten der Accounts verantwortlich sind. Da die Zahl leitender Angestellter, die mit Account-Kontakten umgehen können und wollen, begrenzt ist, kann nur eine begrenzte Zahl strategischer Accounts durch ein Executive-Contact-Programm erreicht werden.

Die möglichen Kontaktpunkte mit dem Kunden sind vielfältig: Kundendienst, Produktinformation, Vertriebspersonal, technischer Service, E-Commerce-Möglichkeiten, Zugang zum Account-Plan, Aktionspläne usw. Ein einfacher Zugang ist einer der Key-Benefits, die einem strategischen Account als Teil des SAM-Angebots eingeräumt werden sollten. E-Commerce und Internettechnologien erleichtern den Zugriff auf Informationen erheblich. Eine kundenspezifische Extranet-Lösung zu erstellen, ermöglicht dem Lieferanten, den Kunden stets mit den neuesten für die Account-Beziehung relevanten Informationen zu versorgen. Im Allgemeinen sind strategische Accounts auch sehr offen für den

Testeinsatz von E-Commerce-Lösungen. Die Fähigkeit des Lieferanten, seine Legacy-Systeme durch den Einsatz von Internettechnologie zu öffnen, erleichtert es dem Kunden, Bestellungen selbst vorzunehmen.

Die Entwicklung kundenspezifischer Telefonnummern, die in einem Call Center automatisch mit Vorrang behandelt werden, kann den Zugang zum Kundendienst ebenfalls erleichtern. Die Chancen zur Nutzung von CRM-Technologien bei SAM werden in Kapitel 5 genauer beschrieben.

Da das Ziel des strategischen Account Management die Unterstützung des Kunden in seinen Wertsteigerungsprozessen ist, sind auch die finanziellen Aspekte einer Beziehung von Interesse. Zwei Arten von Finanzvereinbarungen scheinen bei SAM-Angeboten in besonderem Maße genutzt zu werden. Zum einen agieren viele Unternehmen in einem volatilen Markt, in dem es zu hohen Risiken bezüglich der Marktpreisfluktuation kommt. Einige Unternehmen haben ihre eigenen Risikomanagementfähigkeiten dazu eingesetzt, um das Risikomanagement der von ihren Kunden wahrgenommenen Risiken zu unterstützen, wie das folgende Fallbeispiel von Southern Company Energy Marketing zeigt. Zum anderen muss bei administrativen Vorgängen im Fakturierungsbereich noch viel getan werden. Viele Unternehmen erproben verschiedene Fakturierungsmöglichkeiten und versenden die Rechnungen nicht nach jeder Lieferung, sondern quartalsweise. Die Automatisierung der Fakturierung ist zudem noch ausbaufähig.

Garantien sind oft Bestandteil eines SAM-Angebots. In den meisten Fällen ist eine Garantiefunktion in der Bewertung einer SAM-Praxis enthalten. Einige Anbieter haben, um den vom Lieferanten gelieferten Wert zu quantifizieren, zudem Servicegarantien, Kundenzufriedenheitsgarantien, operationelle Garantien für Lieferzeiten, Verfügbarkeitsgarantien für Ressourcen usw. formuliert.

Besonders bei Account-Beziehungen, die sich auf Co-Produktion und Ressourcenteilung stützen, scheint die offene Buchführung die gemeinsame Komponente des SAM-Angebots zu sein. Der Grundgedanke dabei ist, die Bücher offen zu legen und eine Gewinn- und Verlustrechnung für die Account-Beziehung zu erstellen. Auf dieser Gewinn-und-Verlust-Rechnung aufbauend können Vereinbarungen zur Aufteilung der Gewinne (und der Verluste) getroffen werden. Die offene Buchführung wird üblicherweise dazu eingesetzt, die Interessen beider Unternehmen auf die Steigerung der Beziehungseffizienz und die Senkung der Beziehungskosten zu konzentrieren.

Southern Company Energy Marketing ist der größte Stromerzeuger der Vereinigten Staaten. Einer der größten Industriezweige, die das Unternehmen bedient, ist die Papierbranche. Auf Grund der langjährigen Beziehungen mit der Zellstoff und Papier erzeugenden Industrie kennt das Unternehmen deren Probleme aus erster Hand.

Southern Company erkannte, dass die Preisvolatilität und die Risiken auf dem Zellstoff- und Papiermarkt für viele seiner Kunden Anlass zur Sorge waren. Diese Erkenntnis war der Startschuss für eine serviceerweiternde Innovation. Neben fundierten Kenntnissen der Papierbranche erlangte Southern Company auch Fachkenntnisse im Bereich des Risikomanagements. Das in diesen Bereichen erworbene Fachwissen ließ sich nun auf die Papierbranche anwenden und zum Nutzen sowohl der Hersteller als auch der Verbraucher in dieser Branche einsetzen. Southern Company bietet nun einen **Service für das Finanzrisikomanagement zwischen Papierherstellern und deren Kunden**.

Southern Company bietet eine „Preisgarantie" durch das Angebot von Termin-, Swap- und Optionsgeschäften. Das Unternehmen agiert als „Risikomanager" und verteilt das Risiko auf einen Pool von Papierunternehmen und deren Kunden. Statt das Geld zu behalten, schichtet Southern Company es in Abhängigkeit vom Papierpreis zwischen Herstellern und Verbrauchern um. Bei hohen Preisen wird das Geld auf die Verbraucher umgeschichtet, bei niedrigen auf die Zellstoff- und Papiererzeuger.

Jeder Verbraucher und Hersteller hat einen kundenspezifischen Vertrag mit Southern Company, der auf seine speziellen Wünsche und Bedürfnisse zugeschnitten ist. Zusätzlich zu einem bestimmten Vertragsvolumen und einer bestimmten Vertragslaufzeit wird jedem Unternehmen die Wahl zwischen einem garantierten Höchstpreis, einer gewissen Preisspanne oder einem Festpreis gegeben. Durch diese sehr kundenspezifischen Verträge können die Produzenten den für ihre Produkte anzulegenden Mindestpreis bestimmen und die Verbraucher den Höchstpreis für ihre Papierlieferungen festlegen.

Diese von Southern Company eingeführte Neuerung ist ein gutes Beispiel für ein innovatives Angebot, das tatsächlich eine Win-win-win-Situation (für Verbraucher, Hersteller und Southern Company) herbeiführt, die allen Seiten nutzt. Die größere finanzielle Sicherheit und stabilere Marktlage ermöglichen es den Produzenten, sich stärker auf ihre Hauptgeschäftsbereiche zu konzentrieren. Auch die Kunden können ihre Interessen gezielter verfolgen, da sie das Papier zu einem garantierten Preis angeboten bekommen. Das so stabilisierte Geschäftsumfeld kann sich bei zukünftigen Darlehen sogar in niedrigeren Zinssätzen niederschlagen, da die Banken die Unternehmen als stabiler einschätzen.

Weniger volatile Märkte ermöglichen es Southern Company, Kunden zu halten, indem Zahlungsverzug oder Fluktuationen vermieden werden. Kurzum, Southern Company hat erkannt: Wenn es unseren Kunden gut geht, geht es auch uns gut!

Quelle: NAMA und Interviews

Abbildung 7 zeigt Einsatzmöglichkeiten für die unterschiedlichen Komponenten von strategischen Account-Angeboten im Hinblick auf die verschiedenen Account-Beziehungstypen.

Beziehungsart / Angebotskomponente	Schlüsselkunde	Strategischer Kunde	Outsourcing	Partner
Account-Team			✓	✓
Account-Manager	✓	✓		
Account-Plan	✓	✓	✓	✓
Account-Executive-Programm		✓	✓	✓
Priorisierung		✓	✓	✓
Garantien		✓	✓	✓
Offene Buchführung				✓
Kundenspezifischer Service		✓	✓	✓
Eigene Servicenummer/ garantierter Zugang	✓	✓	✓	✓
Eigene Homepage/Extranet		✓	✓	✓
Flexible Finanzvereinbarungen			✓	✓
✓ wird angeboten				

Abbildung 7: Angebotskomponenten

Preisgestaltung des Angebots

Die Festlegung des preislichen Rahmens für ein SAM-Angebot ist einer der wichtigsten Punkte bei der Entwicklung eines strategischen Account Managements. Die Hauptfrage hierbei ist, welcher Bestandteil des Angebots den Hauptpreis ausmachen soll. Weitere Fragen lauten:

● Sollen alle Komponenten zu einem Gesamtpreis oder einzelne Komponenten zu individuellen Preisen angeboten werden (Grad der Preisbündelung)?

● Soll ein einheitlicher Preis für alle strategischen Accounts festgelegt werden?

● Soll das Angebot eine Mischung aus einem Einzelpreispaket und separat ausgepreisten Bestandteilen sein?

- Soll das Rabattsystem, sofern vorhanden, auf Volumen, Kundeneigenschaften oder anderen Aspekten basieren?

- Wird die Preispolitik allen Kunden offengelegt, oder ist sie vielmehr das Ergebnis kundenspezifischer Verhandlungen?

Um zu verstehen, welche Punkte einer Beziehung der Kunde schätzt, muss man die Grundlagen der Wertschöpfung begreifen. Aus SAM-Sicht ist der Kunde an einem Wertsteigerungsprozess beteiligt. Dies zeigt, dass es nicht hauptsächlich um eine Frage der Wertverteilung geht. Der Wert liegt nicht alleine im Produkt begründet, sondern muss vielmehr bei allen Kundenkontakten und beim Einsatz des Produkts durch den Kunden generiert werden!

Um den vom Kunden generierten Wert zu steigern, sollte der Lieferant sein Hauptaugenmerk auf den Wertsteigerungsprozess des Kunden lenken. Das Fallbeispiel von Appleton Papers stellt einen innovativen Versuch dar, wie sich das Verständnis der Kundenwertsteigerung vertiefen lässt. Anhand dieses Fallbeispiels ist auch die Verantwortung des Lieferanten erkennbar, dafür zu sorgen, dass sein Angebot und Bereitstellungsprozess den Prozess des Kunden unterstützen (Gebrauchssituation).

Es ist immer der Kunde, der festlegt, was in einer Beziehung den Wert ausmacht. Der Wertsteigerungsprozess des Kunden dient der Erreichung seines Zieles oder der Umsetzung seiner Mission. Folglich bemisst der Kunde den Wert der Beziehung stets in Bezug auf seine eigenen Ziele. Ressourcen, Zuliefererbeziehungen, vom Kunden ausgeführte Aktivitäten und Ideen sind nur dann wertvoll, wenn sie den Kunden seiner Mission näher bringen. Ressourcen, die dem Kunden nicht bei der Erreichung seiner Ziele nutzen, sind für ihn wertlos. Ein umfassendes Verständnis der Mission, Visionen, Ziele und Strategien des Kunden ist folglich als Ausgangspunkt aller SAM-Programme unabdingbar. Nur aus diesem Verständnis heraus kann der Lieferant dem Kunden neue Wertsteigerungschancen bieten.

In der verarbeitenden Industrie besteht eines der Hauptprobleme darin, dass die Ware zum Hauptkriterium aller Geschäfte geworden ist. Solange die Ware hauptsächlich den Preist bestimmt, sind Preisvergleiche zwischen konkurrierenden Lieferanten recht einfach und haben sehr wenig damit zu tun, welchen Wert der Lieferant zusätzlich zur Ware beisteuert. Kundenbeziehungen als eine Serie von Einkaufsereignissen zu betrachten, führt tendenziell dazu, dass sich das Interesse beim Einkauf auf die Anschaffungskosten des Angebots konzentriert. Diese Tendenz reduziert die Angebote auf ihre Funktion als Ware („commodity") und erschwert Gespräche über den Wert. Man sollte es keinem Angebot gestatten, zur bloßen Ware zu werden. **Es gibt keine Waren, sondern nur schlecht artikulierte Beziehungsstrategien!**

Appleton Papers ist weltweiter Marktführer bei der Produktion von kohlenstofffreiem Papier und Thermopapier und stellt darüber hinaus auch beschichtete Papiere für eine Vielzahl von kommerziellen und speziellen Druckaufgaben her. Appleton agiert in einem gesättigten Markt und seine Kunden, hauptsächlich große Formblatt-Druckereien, befinden sich in einer ähnlichen Lage.

1994 führte Appleton Papers ein **Gütesiegel-Programm** ein, das darauf abzielte, die für die Kundenzufriedenheit ausschlaggebenden Faktoren zu ermitteln und den Appleton-Kunden zu einem besseren Verständnis ihrer eigenen Kunden zu verhelfen. Dem Programm lag der Gedanke zu Grunde, dass der Erfolg Appletons vom Erfolg seiner Kunden abhängt, weshalb deren Unterstützung auch Appletons finanzieller Entwicklung zugute käme.

Appleton bietet seinen Kunden an, eine Umfrage zur Kundenzufriedenheit durchzuführen. Die Umfrage selbst wird von einem externen Marktforschungsunternehmen durchgeführt, die Ergebnisse jedoch werden von Appleton intern analysiert.

Die Auswahl der vom Marktforschungsunternehmen zu befragenden Kunden erfolgt nach dem Zufallsprinzip und die Untersuchung wird spezifisch an die Bedürfnisse jedes Kunden angepasst. Die erhobenen Daten werden zur Analyse und Interpretation an Appleton weitergeleitet und die Endergebnisse unterschiedlichen Publikumsgruppen im Kundenunternehmen präsentiert. Ausgehend von den Ergebnissen bietet Appleton seine Hilfe bei der Ausführung aller erkannten Verbesserungsmaßnahmen an.

Eines der wichtigsten Resultate der Untersuchung ist eine vereinheitlichte Bewertung der Kundenzufriedenheit. Beträgt die Kundenzufriedenheit 90 Prozent oder mehr erhält das Unternehmen von Appleton das Gütesiegel. Die hoch eingestuften Unternehmen werden im Abstand von drei Jahren einer erneuten Bewertung unterzogen und die niedrig eingestuften erhalten Hilfe zur Verbesserung ihrer Position und werden im Abstand von zwei Jahren nochmals bewertet.

Eine Datenbank aller die Kundenzufriedenheit von Appleton-Kunden beeinflussenden Faktoren ist eines der wertvollsten Ergebnisse des Programms. Die Daten ermöglichen es Appleton, seine Kunden einem Benchmark-Test zu unterziehen und ihnen ihre Position innerhalb ihrer Branche aufzuzeigen. Diese Informationen sind in jedem von Appleton abgegebenen Bericht enthalten.

Dieses innovative Angebot hilft Appleton, seine Kundenbeziehungen aufrecht zu erhalten und zu stärken, während es gleichzeitig eine wirksame Markteintrittsschranke für Wettbewerber darstellt. Die Kunden profitieren von den Informationen, wie sie die richtigen Leistungsverbesserungen durchführen können.

Quelle: NAMA

Je stärker der Lieferant in den Kundenprozess integriert ist und je mehr die Beziehung auf Ressourcenteilung basiert, desto interessanter wird die Preisgestaltung. In einem Outsourcing-Umfeld zum Beispiel wird das Angebot im Allgemeinen zu einer Serviceleistung und die Preisgebung muss sich nach dem Wert, den diese Serviceleistung dem Kunden bietet, richten (oder nach den Ersparnissen, die der Account durch einen bestimmten Outsourcing-Prozess erzielt). Dasselbe gilt für Client-Parntering, wo die tatsächlich in der Beziehung ausgetauschte Ware nur einen kleinen Teil des gesamten Wertaustauschs in der Account-Beziehung darstellt.

Aus Sicht des Beziehungsmanagements sollten sich die Kunden auf die Gesamtkosten ihres eigenen Wertsteigerungsprozesses und die Auswirkungen der Angebote des Lieferanten auf diese Kosten konzentrieren. Um den Kunden dazu zu bewegen, sich auf die Gesamtkosten und nicht auf die Anschaffungskosten zu konzentrieren, muss der Lieferant wissen, wie sich sein Angebot auf den Wertsteigerungsprozess des Kunden auswirken wird und welchen Stellenwert der Kunde diesen Auswirkungen beimisst, das heißt, was der Kunde für wertvoll erachtet. Das Fallbeispiel von Holland Hitch zeigt exemplarisch, wie man dem Kunden die Gesamtkosten anstelle der Anschaffungskosten vermitteln kann.

Fallbeispiel (● Holland Hitch Company)

Die Holland Hitch Company produziert Schwerlaster- und Hängerteile und verkauft sie hauptsächlich an Originalgerätehersteller von Hängern und Traktoren sowie an große Fuhrparkbesitzer. Mitte der 90er Jahre merkte das Unternehmen, dass es beim letztgenannten Kundenkreis nicht sonderlich erfolgreich war, da dieser sehr preisbewusst war und die von Holland Hitch geforderten höheren Preise nicht bezahlen wollte.

Dem Unternehmen war es offensichtlich nicht gelungen, den Fuhrparkbesitzern den Wert der eigenen Angebote näher zu bringen. Folglich sahen die Fuhrparkbesitzer keinen Anlass, einen höheren Preis für die Produkte von Holland Hitch zu zahlen. Das Unternehmen musste nun einen Weg finden, den Wert der eigenen Qualität zu quantifizieren und zu zeigen, dass den höheren Preisen auch eine höhere Qualität gegenüberstand. Zu diesem Zweck wurde 1997 ein Tool namens **Component Value Analysis (CVA)** eingeführt.

CVA war anfangs nichts anderes als eine einfache Excel-Tabelle, entwickelte sich jedoch schnell zu einer relationalen Datenbank. Die Grundidee des Programms ist, den Kunden genau aufzuzeigen, welche Einsparungen sich aus dem Einsatz von Holland-Hitch-Produkten ergeben. Das Programm fasst die Betriebsdaten der Fuhrparkkunden, Preistreiberinformationen und die Leistungsdaten von Holland Hitch zusammen und berechnet daraus die Ersparnisse für die Kunden. Die ursprünglich in der beschäftigungsorientierten Kostenrechnung verwurzelte CVA zeigt alle Elemente eines Kundenwertsteigerungsvorschlags und lässt Wenn-dann-Analysen und Sensitivitätsanalysen ebenso wie Analysen der Stück- und Gesamtunternehmensergebnisse zu.

Das Programm kann sowohl für die Erstellung von Datenbanken eingesetzt werden, mit deren Hilfe Daten zum Beispiel nach Branche, Produkttyp oder Gebrauchsmuster geordnet werden können, als auch für die Anfertigung von Betriebsstatistiken zum Branchenvergleich benutzt werden. Diese branchenspezifischen Leistungsdaten können den Kunden als zusätzlicher Mehrwert des Angebots zur Verfügung gestellt werden.

Holland Hitch kann die durch CVA ermittelten Daten auch für die Produktentwicklung einsetzen. Durch das verbesserte Verständnis sowohl primärer als auch sekundärer Kostentreiber kann das Programm Entwicklungsingenieuren beim Entwerfen und Verbessern neuer Produkte wertvolle Unterstützung leisten.

Die CVA-Software ist auf den Laptops der Außendienstmitarbeiter installiert. Die Fähigkeit, dieses Programm zu benutzen, gehört zu den Elementen bei der Leistungsbewertung der Außendienstmitarbeiter. Das Programm ermöglicht den Außendienstmitarbeitern kundenspezifische Präsentationen abzuhalten und, zum Beispiel bei Kundengesprächen, Wenn-dann-Modelle in Echtzeit zu präsentieren.

Der Prozentsatz der mit großen Fuhrparkkunden abgeschlossenen Verträge hat sich seit der Einführung von CVA erheblich erhöht. Darüber hinaus hat Holland Hitch noch zahlreiche Neukunden akquiriert. Zudem reagieren die Mitarbeiter besser auf die Kundenwunsche, seit ihnen bewusst geworden ist, wie wichtig es ist, den Produktwert aus Sicht der Kunden zu beurteilen.

CVA hat sich als Tool zur Wertquantifizierung zu einem erheblichen Wettbewerbsvorteil für Holland Hitch entwickelt. Das Programm führte sogar zu einer Umstrukturierung der gesamten Marketingstrategie des Unternehmens. Die Kunden schätzen eindeutig die Wertquantifizierung, die Holland Hitch ihnen mithilfe von CVA anbieten kann, und ihre Empfehlungen und Aussagen fließen in die Marketing- und Verkaufsbemühungen mit ein.

Quelle: NAMA

In diesem Zusammenhang muss Wert in Geldbeträgen ausgedrückt werden. Wert sollte demnach als Geldwert der technischen, wirtschaftlichen, servicebezogenen und sozialen Benefits definiert werden, die der Kunde im Gegenzug für den von ihm bezahlten Angebotspreis erhält. Das Argument hierfür lautet, dass (fast) alles unter dem Gesichtspunkt der Einnahmensteigerung oder Kostenreduzierung quantifiziert werden kann. Folglich sollten auch Aspekte wie Zeit, Sicherheit, Annehmlichkeit, Fähigkeiten, Einfachheit, ja sogar Gefühle quantifiziert werden!

Die Chancen des Lieferanten, dem Kunden bei seiner Wertschöpfung zu helfen, sollten danach bemessen werden, inwieweit sich durch die Aktivitäten des Lieferanten (und die gemeinsamen Aktivitäten im Beziehungsprozess) das Potenzial erzeugen lässt für eine:

- Steigerung der Kundengewinne,
- Reduzierung der Kundenkosten,
- Reduzierung des Kapitalbedarfs des Kunden und/oder
- Minderung der Geschäftsrisiken des Kunden.

Gleich welche strategische Account-Beziehung zwischen dem Lieferanten und dem Kunden besteht, der Trend ist klar erkennbar: In einer strategischen Account-Beziehung sollte sich die Preisgestaltung nach dem Gesamtwert für den Kunden richten.

Wie – Entwurf des Kundenbeziehungsprozesses

Angebote sollten so für strategische Accounts entwickelt und bereitgestellt werden, dass beide Seiten vom Kundenbeziehungsprozess profitieren. Ein Kundenbeziehungsprozess besteht aus drei Komponenten:

- Die erste ist der **Kundenprozess**, in dem der Kunde zur Erreichung seiner Ziele eine bestimmte Folge von Aktivitäten ausführt.

- Die zweite Komponente ist der **Wertsteigerungsprozess des Lieferanten**, in dem der Lieferant eine bestimmte Folge von Aktivitäten ausführt.

- Die dritte Komponente setzt sich aus **Kontakten oder Begegnungen** zusammen, bei denen es zu einer Interaktion dieser Prozesse in Form eines Austauschs oder gemeinsamer Aktivitäten kommt. Ein typischer Kontakt kann beispielsweise eine Situation sein, in der der Kunde eine Kaufentscheidung für ein bestimmtes Angebot des Lieferanten trifft.

Eine Möglichkeit, den Beziehungsprozess zu analysieren, ist das Zipper-Modell[1] Das Zipper-Modell beschreibt den Kundenprozess mit dem Ziel, ein tiefergehendes Verständnis der kundeneigenen Wertsteigerungsaktivitäten zu erlangen. Auf der Grundlage einer sorgfältigen Analyse des Kundenprozesses kann der Lieferant seinen eigenen strategischen Account-Management-Prozess zur Unterstützung der Kundenprozesse entwickeln. Weiterhin können alle Kontaktpunkte zwischen den einzelnen Prozessen analysiert und soweit erforderlich mit einem Skript geregelt werden, um ein nahtloses Ineinandergreifen der Kunden- und Lieferantenprozesse zu gewährleisten. Abbildung 8 zeigt einen allgemeinen strategischen Account-Management-Zipper.

Die Kundenprozesse werden im oberen Teil des Zippers dargestellt. Sie sind in sechs Phasen unterteilt: Strategisches Management, Geschäftsentwicklung, Analyse und Auswahl, Einkauf, Geschäftsprozesse und Follow-up. Die großen Pfeile enthalten einige der vom Kunden in jeder Phase ausgeführten Hauptaktivitäten. Im unteren Teil der Abbildung werden die SAM-Prozesse des Lieferanten beschrieben. Hier ist das traditionelle Business Process Reengineering (BPR) angesiedelt, das die Unternehmen in den letzten Jahren beschäftigt hat. Die Hauptbotschaft dieser Abbildung ist, dass die Prozesse des Kunden und des Lieferanten durch Kontakte zwischen dem Kunden und dem Unternehmen miteinander verbunden sind. Berücksichtigt man, dass der Kunde nicht nur einfach ein Output-Empfänger der Prozesse des Lieferanten ist, so bietet dieses Modell eine interessante Sichtweise der komplexen Interaktionen bei Kundenbeziehungen. ICL beispielsweise analysiert seine IT-Infrastruktur-Outsourcing-Beziehung anhand eines Kundenbeziehungsprozessmodells, das die Aktivitäten der Kunden und von ICL in der Beziehung sowie die zwischen den Firmen erforderlichen Kontakte spezifiziert. Auf diese Weise war ICL in der Lage, alle Kontakte mit seinen „InfraCare"-Service-Kunden detailliert zu ermitteln und zu systematisieren.

---

1 In der Studie wurde ein allgemeiner strategischer Account-Beziehungsprozess identifiziert, der mithilfe von Zipper, einem von der CRM Group entwickelten Prozess-Tool, beschrieben wurde.

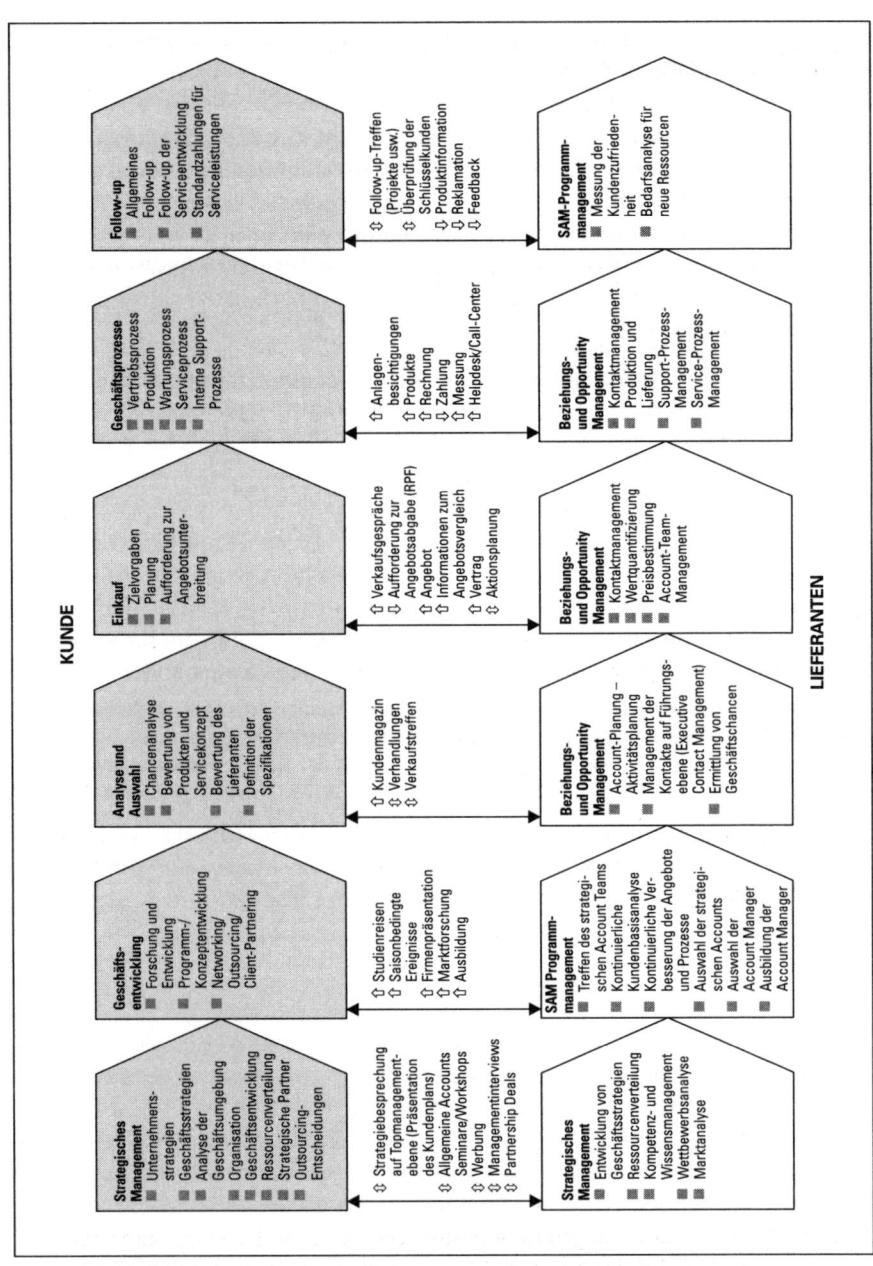

Abbildung 8: Allgemeiner strategischer Account-Management-Zipper

ICLs IT-Konzept InfraCare basiert auf der Beobachtung, dass Firmen zwar immer mehr Kapital in die IT-Infrastruktur investieren, ihre Produktivität sich aber nicht im gleichen Maße verbessert.

InfraCare ist eine auf der Partnerschaft zwischen ICL und seinen Kunden basierende Serviceleistung. Vertrauen ist grundlegender Bestandteil dieser Beziehung. Die Partnerschaft verlangt beiden Seiten Anstrengungen ab und muss, um sinnvoll zu sein, auch zu gegenseitigem Nutzen ("Benefits") führen.

Ziel des InfraCare-Modells ist, sicherzustellen, dass die ICL-Kunden den größtmöglichen Nutzen aus ihren IT-Systemen ziehen können, ohne in das damit verbundene Fachwissen investieren zu müssen. Der Kunde überträgt ICL die Verantwortung für die IT-Infrastruktur. ICL kümmert sich dann um den Einkauf, die Bedienung und die Entwicklung dieser Infrastruktur.

InfraCare zielt darauf ab, eine klare Einheit zu bilden, die die Bedürfnisse des Kunden zufrieden stellt. InfraCare besteht aus drei Elementen:
* Serviceleistungen
* Finanzierung
* Management und Trainieren der Geschäftsabläufe

Bei sehr engen Partnerschaftsmodellen ist der Kunde nicht einmal mehr Eigentümer der Hardware, sondern diese wird vielmehr zu Beginn der Beziehung an ICL verkauft.

Die IT-Infrastruktur wird in Zusammenarbeit mit dem Kunden geplant und das System gemäß den Anforderungen des Kunden entwickelt. Die Weiterentwicklung erfolgt gemeinsam mit dem Kunden, und die Qualität wird auf der Grundlage von gemeinsam vereinbarten Indikatoren überwacht. Diese Indikatoren messen die Erreichbarkeit, die Servicequalität, das Preisniveau und andere Aspekte der Kundenzufriedenheit. Dieser komplexe Prozess wird mithilfe des Kundenbeziehungsprozessmodells analysiert. Anschließend werden der Kundenprozess, die Kontakte zwischen ICL und dem Kunden sowie die Prozesse von ICL systematisch angeglichen.

Quelle: ICL

Der Zipper bietet einen Gesamtüberblick über die Art und Weise, wie ein Unternehmen seine strategischen Account-Beziehungen als Prozesse verwaltet und kann als Tool zur Analyse der Beziehungsprozesse als Ganzes eingesetzt werden. Weiterhin ermöglicht der Zipper den Führungskräften, alle SAM-Aktivitätsebenen mit den Wertsteigerungsprozessen des Kunden zu kombinieren. Alle an der Kundenbeziehung beteiligten Funktionen werden beschrieben, wodurch der Zipper das strategische Account-Management-Team in die Lage versetzt, sich selbst als Teil der gesamten Beziehungsmanagementpraxis zu sehen.

SAM muss aus einer Geschäftsstrategie entstehen, in der die Bedeutung des Managements strategischer Accounts definiert wird. Die Auswahl der Accounts ist eine der Schlüsselaufgaben und muss korrekt vorgenommen werden. Die Analyse der Kandidaten sollte auf der Grundlage quantitativer und qualitativer Daten erfolgen, um eine Liste der zukünftigen strategischen Accounts erstellen zu können. Die Ergebnisse lassen sich durch eine unterschiedliche Gewichtung der einzelnen Auswahlkriterien verschiedentlich auswerten. Die Zahlen spiegeln jedoch nur einen Teil des Gesamtbildes wider, weshalb für ein besseres Ergebnis auch die Meinung erfahrener Marketing- und Vertriebsleiter eingeholt werden sollte.

Es wurde ein Rahmen geschaffen, innerhalb dessen sich die unterschiedlichen Arten strategischer Account-Beziehungen positionieren lassen. Diese Positionierung ermöglicht die Identifizierung von vier Grundmodellen strategischer Accounts und hebt die Hauptunterschiede zwischen diesen vier Modellen hervor. Das Angebot sollte für jedes der vier strategischen Account-Beziehungsmodelle unterschiedlich sein. Die allgemeine Beschreibung des Angebots sollte durch accountspezifische und in Account-Plänen festgeschriebene Maßnahmen optimiert werden.

Die Aussagen in der folgenden Checkliste werden in der Reihenfolge ihrer Abhandlung in diesem Kapitel aufgeführt und können von Ihnen zur kurzen Bewertung der SAM-Praktiken in Ihrem eigenen Unternehmen herangezogen werden. Haben Sie die meisten Aussagen mit „Ja" beantwortet, ist das SAM-Programm in Ihrem Unternehmen vermutlich recht weit entwickelt. Ist jedoch „Nein" die am häufigsten gegebene Antwort, ist es vielleicht hilfreich, ein paar Seiten zurückzublättern und jene Abschnitte dieses Kapitels erneut durchzulesen, die für die Entwicklungsanforderungen in Ihrem Unternehmen relevant erscheinen.

Dies könnte Ihnen Denkanstöße für Verbesserungsmöglichkeiten geben. Sollten Sie in Ihrem Unternehmen gerade mit der Entwicklung von SAM-Praktiken beschäftigt sein, dann haben Sie vermutlich den richtigen Kurs eingeschlagen und dieses Buch kann dazu beitragen, Ihr Unternehmen auch auf diesem Kurs zu halten.

Aussage	Ja	Nein	Im Entwicklungs- stadium
Kundenbeziehungsstrategien wer- den kontinuierlich und systema- tisch analysiert.			
Kundenbasisanalysen werden zur Bestimmung der strategischen Accounts eingesetzt.			
Strategisches Account Manage- ment ist integraler Bestandteil der strategischen Planung.			
Strategische Accounts werden als separate Einheit analysiert.			
Strategische Accounts wurden anhand der ausgewählten Bezie- hungsstrategien segmentiert.			
Strategische Accounts wurden ausgewählt.			
Es existieren genaue Kriterien, nach denen die Auswahl strategi- scher Accounts erfolgt.			
Ein SAM-Programm wurde defi- niert.			
Das Angebot für jeden strategi- schen Account wurde definiert.			
Das Topmanagement unterstützt aktiv die Entwicklung des Pro- gramms.			

KAPITEL 3

Strategisches Account Management und Organisation

Die Entwicklung von SAM sollte auf der weitsichtigen Entscheidung des Topmanagements beruhen, die wichtigsten Kunden zu ermitteln und in diese Beziehungen investieren zu wollen. Diese Entscheidung in einen dynamischen Prozess umzusetzen, kann sich als große Herausforderung erweisen. Traditionell sind, Unternehmen nach Produkten, Funktionen und Absatzgebieten organisiert. Die Idee, die sich hinter SAM verbirgt, stellt dieses Prinzip in Frage, weshalb intensive Gespräche innerhalb der Unternehmensorganisation erforderlich sind, um sicherzustellen, dass dem gesamten Unternehmen der Stellenwert einer kundenorientierten Strategie bewusst wird.

Zunächst ist es wichtig, den organisatorischen Rahmen der SAM-Praktiken zu bestimmen. Die wichtigste Frage in diesem Zusammenhang ist, ob es wirklich einer eigenständigen Funktion bedarf, die über eigene, separate und unabhängig von der restlichen Unternehmensorganisation ausgeübte Aktivitäten verfügt oder ob die strategischen Accounts von der normalen Vertriebsabteilung bearbeitet werden können. Beide Alternativen sind möglich, aber für den Erfolg eines SAM-Programms ist ein separater Prozess von entscheidender Bedeutung.

Da einige Account Manager aus dem bestehenden Vertriebspersonal ausgewählt werden, muss entschieden werden, ob das Programm mit Vollzeit- oder Teilzeitkräften besetzt werden soll. Diese Frage lässt sich nicht pauschal beantworten, da sie von der Größe der Account-Beziehungen, der Anzahl der Accounts, für die ein Account Manager zuständig ist, und der Größe der Unternehmensressourcen abhängt. Der Programm-Manager sollte seine Tätigkeit jedoch vorzugsweise als Vollzeitkraft ausüben. Das ist bei vielen Unternehmen der Fall.

Damit strategisches Account Management seine volle Wirkung entfalten kann, sollte es in die vorhandene Unternehmensstruktur integriert werden. Das ganze Konzept von SAM zielt darauf ab sicherzustellen, dass strategische Accounts den größtmöglichen Nutzen aus der Kompetenz des Anbieters ziehen können. SAM ist auch ein Tool, mit dem sich eine gute Koordination der verschiedenen Funktionen gewährleisten lässt. Alle Funktionen mit Kundenkontakt (Vertrieb,

Außendienst, Engineering, Planung, Herstellung, Verwaltung, technischer Service usw.) sollten mit einbezogen werden.

Die größten Konflikte entstehen meist dann, wenn Account- und Produktmanagement gegensätzliche Ansichten dazu vertreten, welche Lösungen man wann welchen Kunden anbieten soll. Generell richtet sich das Produktmanagement nach Kampagnen und vierteljährlichen Zielen, während Account Manager die gesamte Beziehung im Auge haben und die Wertsteigerung zu maximieren versuchen, statt kurzfristige Einnahmen zu generieren. Die Rollen müssen klar verteilt sein, um diese Probleme zu lösen.

Ein SAM-Programm sollte also immer mit einer Überprüfung der organisatorischen Rahmenbedingungen einhergehen. Es muss die Rollen, Aufgaben und Vergütungsformen für die am Programm beteiligten Mitarbeiter festlegen.

Die organisatorischen Aspekte des strategischen Account Managements umfassen im Wesentlichen drei Funktionen, die als Führungshilfen für die Steuerung von Account Managern herangezogen werden können. Erstens gibt es eine **Entwicklungs- und Aufbaufunktion,** in der die Grundprinzipien der SAM-Aktivitäten im Unternehmen artikuliert und vermittelt werden. Darin mit eingeschlossen ist auch der Aufbau des SAM-Programms. In der Regel entwickeln Vertriebsleiter, Marketingleiter oder sogar Vorstandsmitglieder SAM-Programme.

Zweitens ist eine **Leitungsfunktion** mit der SAM-Steuerung verbunden. Die Leitungsfunktion beinhaltet die Förderung des SAM-Prozesses, bei dem die Zielvorgaben für strategische Account-Beziehungen auf Programm-Management-ebene festgelegt werden. Da die Marketingleiter und Vorstandsmitglieder an der Entwicklung des SAM-Programms beteiligt sind, wird dessen Umsetzung üblicherweise den Vertriebsleitern oder eigens damit beauftragten Programm-Managern überlassen.

Drittens gibt es eine **Steuerungsfunktion,** die innerhalb eines SAM-Programms gewährleistet sein muss. Hierbei muss dafür gesorgt werden, dass Account Manager und Account Teams zufriedenstellende Leistungen erbringen und die zugesagten und geplanten Aktivitäten ausführen.

Diese organisatorischen Funktionen wirken sich unmittelbar auf die Organisation der SAM-Aktivitäten aus, das heißt welche Rollen und Aufgaben vergeben werden müssen und welche Maßnahmen für die Steuerung der Account Manager und der Account Teams angebracht sind. Diese Punkte stehen in engem Zusammenhang mit den Kompetenzanforderungen, Vergütungsplänen, Ausbildungsmaßnahmen und Leistungsbewertungen.

Die Auswahl der richtigen Mitarbeiter für Aufgaben im SAM

SAM-Programme können höchst unterschiedlich organisiert sein. Die Branche, der Globalisierungsgrad, die Größe des Unternehmens und die Ziele des Programms beeinflussen gleichermaßen die Organisationsweise des strategischen Account Managements. Abbildung 9 zeigt eine schematische Darstellung einer SAM-Organisation, wie sie aus unserer Sicht sinnvoll ist und als Grundlage dienen kann.

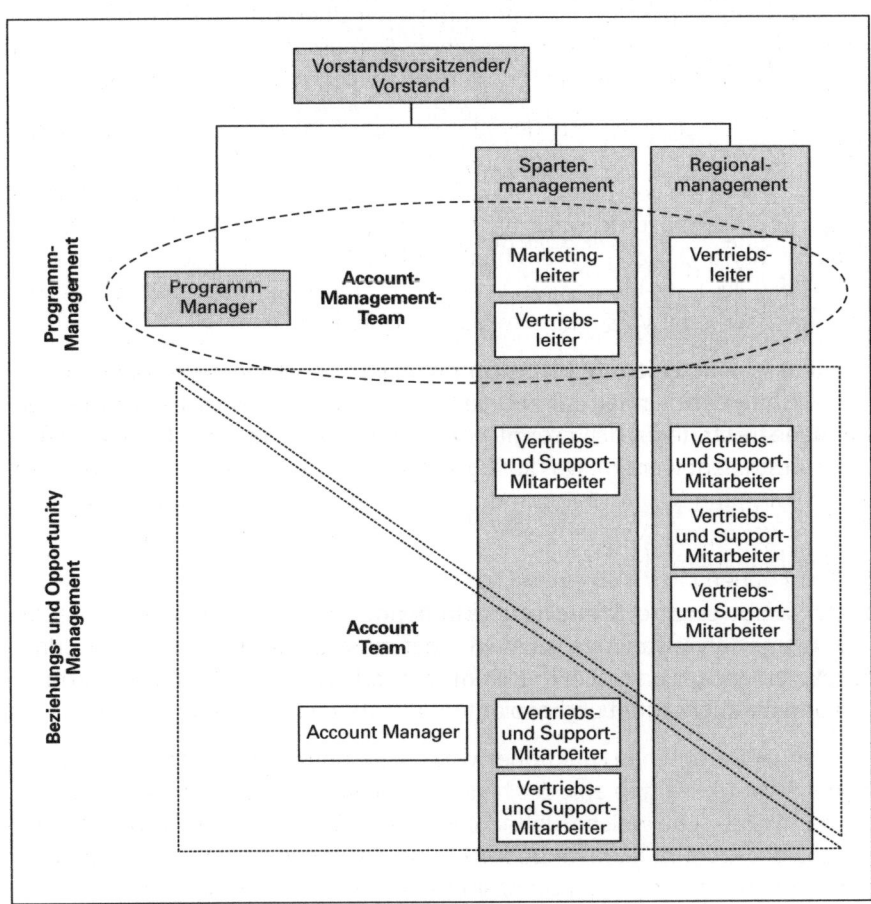

Abbildung 9: Schematische Darstellung der SAM-Organisation

In der Regel haben der Leiter des SAM-Programms und die Account Manager keine formellen Weisungsbefugnisse in der Organisationsstruktur, sondern es wird von ihnen erwartet, die Angelegenheiten für den Kunden zu regeln. Da dies jedoch auch aus Sicht des Kunden unbefriedigend erscheinen kann, kann es sein, dass die Account Manager größere formelle Weisungsbefugnisse innerhalb ihres Unternehmens erwarten.

Da die Initiative für ein SAM-Programm vom Vorstand ausgehen sollte, gehört sie, rein organisatorisch betrachtet, auf die Tagesordnung des Vorstands. Beim strategischen Account Management handelt es sich um Fragen der (Unternehmens-)Strategie und als solche benötigen sie das Engagement des Topmanagement. Folglich sollte derjenige, der die Verantwortung für das SAM-Programm innehat an den Vorstandsvorsitzenden berichten.

Der Account Manager ist in der Regel nicht Teil einer Linienfunktion. Die kundenzentriert organisierten Teams sind semi-formeller Natur und Teammitglieder haben so tendenziell unterschiedliche Linienmanager, denen sie unterstellt sind. Aus diesem Grund hat der Account Manager keine absolute Macht über die Kundenbeziehung. Die Rolle des Account Managers ist eher die eines Koordinators. Da er die Position eines leitenden Angestellten innehat, wird er von den anderen am Beziehungsmanagement beteiligten Mitarbeitern als vertrauenswürdig eingestuft. Der Account Manager ist am Vertrieb, Beziehungsaufbau und Account-Team-Management beteiligt. Seine wichtigste Aufgabe besteht jedoch darin, genau zu begreifen, wie der Wertsteigerungsprozess des Kunden abläuft und welche Möglichkeiten dem Lieferanten zur Unterstützung des Kunden in diesem Prozess zur Verfügung stehen.

Die gepunkteten Linien in Abbildung 9 legen nahe, dass der Programm-Manager einem Team vorstehen sollte, das für die Entwicklungs-, Leitungs- und Kontrollfunktionen innerhalb eines SAM-Programms verantwortlich ist. Um komplexe, vielschichtige und vielseitige Handlungen bei strategischen Account-Beziehungen durchführen zu können, sollten Account Manager ferner über Teams verfügen, die an der Produktion und Bereitstellung des kundenrelevanten Firmenangebots beteiligt sind.

Das Account-Management-Team leitet das SAM-Programm

Ein erfolgreiches strategisches Account-Management benötigt die volle Unterstützung des Topmanagements. Deshalb ist es im Allgemeinen wichtig, dass ein leitender Manager aus der Geschäftsführungsebene für das SAM-Programm verantwortlich ist. Er sollte typischerweise über Erfahrung in den Bereichen Vertrieb und interner Support verfügen wie auch Geschick beim Projektmanagement besitzen.

> *Meiner Meinung nach ist es am Wichtigsten, für die Steuerung des gesamten Prozesses den richtigen Mitarbeiter auszuwählen. Er muss dem Vorstand unterstellt sein und über die Geschäftsvorgänge und Mitarbeiter des Unternehmens informiert sein. Zudem sollte er als kompetent gelten, vor allem bei den Bereichsleitern.*

Hersteller elektrischer Geräte

Der **Programm-Manager (PM)** ist der Leiter des gesamten SAM-Programms. Er ist für die Umsetzung und Entwicklung des Programms sowie für das kontinuierliche Follow-up der Aktivitäten verantwortlich. Ihm obliegt auch die Verantwortung für die Koordinierung der Support-Prozesse innerhalb des Unternehmens. Der Programm-Manager steht dem Account-Management-Team vor.

Aufgaben des Account-Management-Teams

Das **Account-Management-Team (AMT)** führt die Entwicklungsfunktion durch, indem es den Vorschlag zur Wertsteigerung, das Angebot und die Gestaltung der Beziehungsprozesse plant. Diese Aufgaben müssen von einem Team wahrgenommen werden, um sicherzustellen, dass die Entscheidungen auf einem Gesamtbild basieren, das die Situation in den verschiedenen Regionen und Unternehmensbereichen widerspiegelt.

Bezüglich der Leitungsfunktion ist das Account-Management-Team für die Durchführung der Kundenbasisanalysen, die Auswahl der strategischen Accounts und die Zielvorgaben für die in den Kundenbasisanalysen ermittelten Kundengruppen verantwortlich. Das Account-Management-Team trägt auch die

Verantwortung für die Auswahl der Account Manager und die Besetzung der Account Teams. Es entscheidet in letzter Instanz über die Ressourcenverteilung auf die strategischen Accounts und ist folglich auch für die Ergebnisse verantwortlich. Üblicherweise handelt es sich bei Account Managern um Vertriebsmanager, die die Anforderungen dieser anspruchsvollen Aufgabe erfüllen.

Die zahlreichen Aufgaben des Account-Management-Teams sind umfangreich und betreffen die Analyse, die Planung und die Umsetzung der SAM-Beziehungsstrategien. Die Hauptaufgaben des Teams lassen sich wie folgt zusammenfassen:

Geschäfts- und Kundenbasisanalyse

Das Account-Management-Team trägt die Verantwortung für die Kundenbasisanalyse und die Auswahl der strategischen Accounts. Das Team leistet für jeden einzelnen Account ein kontinuierliches Follow-up, analysiert die Ergebnisse und verfolgt Veränderungen in der Beziehung. Es führt auch Marktanalysen, einschließlich Wettbewerbsanalysen, durch. Ferner obliegt dem Account-Management-Team die Bewertung und Auswahl der strategischen Account-Beziehungen.

Account-Planung

Das Account-Management-Team ist letztlich für die Account-Planung verantwortlich. Es trifft alle notwendigen Entscheidungen hinsichtlich des Account-Plans, der Zielvorgaben für verschiedene strategische Accounts und der Ressourcenverteilung auf die strategischen Accounts.

Einhaltung und Umsetzung der Account-Strategien

Das Account-Management-Team ist bei allen festzulegenden Accountstrategien für die Definition von Wertsteigerungsvorschlägen und Angeboten zuständig. Demzufolge ist es auch für die kontinuierliche Revision dieser Strategien verantwortlich. Aus diesem Grund ist das Account-Management-Team auch für den Account-Beziehungsprozess, der mithilfe des Zippers analysiert werden kann, die fortwährende Entwicklung des Prozesses sowie das Erstellen von Skripten für die Kontakte verantwortlich.

SAM-Organisation

Das Account-Management-Team fungiert als Entscheidungsgremium bei der Festlegung der verschiedenen für SAM erforderlichen Rollen, bei der Verteilung von Aufgaben auf diese Rollen und der Schaffung von Anreiz- und Motivationssystemen für die Mitarbeiter, die diese Rollen ausfüllen.

SAM-Kompetenzmanagement und Entwicklung der erforderlichen Fähigkeiten

Das Account-Management-Team ist auch für die Entwicklung der Fähigkeiten, die zur Ausübung von SAM nötig sind, verantwortlich. Dabei geht es zum Teil um die Entwicklung der Kompetenzen der Account Manager durch die Rekrutierung der dafür geeigneten Personen, deren Ausbildung und die Schaffung von Vergütungssystemen. Andere Aspekte bei der Entwicklung der erforderlichen Fähigkeiten umfassen die Bereitstellung von Support-Systeme, wie zum Beispiel Support-Organisationen, IT-Lösungen, sowie die Schulung darin.

Der Account Manager ist für die Beziehung zum Kunden verantwortlich

Der Account Manager ist für die Beziehung zum Kunden verantwortlich. Er managt die Account-Planung und deren Umsetzung. Er ist für das Follow-up der Support-Prozesse zuständig und trägt zusammen mit dem Account Team die erforderlichen Informationen über den Kunden zusammen. Der Inhalt dieser Informationen wird durch den Account-Plan festgelegt. Dem Account Manager obliegt die Koordinierung wichtiger Kundenkontakte. Eine seiner Hauptaufgaben ist es, auf Account-Seite Beziehungen zu Mitarbeitern in Schlüsselpositionen aufzubauen.

Der Account Manager nimmt innerhalb der strategischen Account-Beziehungen unterschiedliche Rollen wahr. Typische Rollen sind:

Botschafter

Der Account Manager ist der Botschafter des Lieferanten bei den strategischen Accounts. Er bemüht sich, Kontakte auf Führungsebene zu knüpfen. Seine Hauptaufgabe ist es, Treffen des Führungspersonals vorzubereiten und ihren Ablauf reibungslos zu gestalten.

Opportunity Manager

Eine der wichtigsten Rollen des Account Managers besteht darin, die Chancen zu ermitteln, die sich dem Lieferanten aus der jeweiligen Account-Beziehung ergeben, und festzulegen, welche Produkte oder Angebote des Lieferanten dem Account angeboten bzw. nicht angeboten werden sollten.

Zeit- und Flexibilitätsmanager

Die Forderungen der Kunden führen im Allgemeinen zu Situationen, in denen der Vertrieb einerseits sehr flexibel darauf reagieren möchte, während andererseits die Herstellung darauf hinweist, dass die Nachfrage „nicht in den Produktionsplan passt". Der Account Manager muss nun in der Lage sein, sowohl mit den Produktionseinheiten des Lieferanten als auch mit den Einkaufsabteilungen des Kunden zusammenzuarbeiten, um das angemessene Maß an Flexibilität zu finden und entsprechend zwischen beiden Seiten zu vermitteln.

Repräsentant

Eine der Schlüsselaufgaben des Account Managers ist es, den Kunden innerhalb des Lieferanten-Unternehmens zu repräsentieren. Gleich welche Entwicklungen oder Diskussionen im Unternehmen des Lieferanten stattfinden, der Account Manager ist dazu angehalten, den Kunden mit seinen Interessen angemessen zu vertreten.

Feedback-Beauftragter

Der Account Manager agiert als „Kanal" für Kundenbeschwerden und andere Initiativen, die als Feedback an die Unternehmensorganisation des Lieferanten weitergeleitet werden müssen. Er muss dafür sorgen, dass die Kommunikation vom Kunden zum Lieferanten „fließt".

Informations-Beauftragter

Der Account Manager ist auch an der Erstellung wettbewerbsfähiger und kundenspezifischer Informationen beteiligt, die zur Weiterentwicklung der Geschäfte des Lieferanten genutzt werden können.

Sündenbock

Der Account Manager nimmt nicht selten auch die Schuldzuweisungen beider Seiten auf sich!

Team-Manager

Da er einem Team übergeordnet ist, das komplexe Kundenbeziehungen betreut, sollte bei der Rekrutierung des Account Managers auf eine weitere Anforderung besonderer Wert gelegt werden: die Fähigkeit, ein Team zu führen.

Grundsätzlich setzt der Account Manager sich für ihre Belange ein und tritt im Unternehmen als Fürsprecher des Kunden auf. Dies sollte dem Kunden die besten Konditionen und einen zuverlässigen Service einbringen.

Energieversorgungsunternehmen

Ein Account Team wird in komplexen Beziehungen erforderlich

Bei umfangreichen und komplexen strategischen Account-Beziehungen sollte ein Account Team gebildet werden. Der Account Manager leitet das Team, wobei sich Mitarbeiter aus den Vertriebs- und Support-Funktionen an der Arbeit des Teams beteiligen. Falls nötig, können auch Kunden an den Aufgaben beteiligt werden. Dies gilt insbesondere dann, wenn zum Beispiel größere IT-Integrationsprojekte zwischen Lieferant und Kunde anstehen.

Die wichtigste Aufgabe des Account Teams ist die Ausarbeitung des Account-Plans, der die Accountstrategien, Zielvorgaben und Maßnahmen zur Umsetzung festlegt. Das Vertriebspersonal ist faktisch an der Abwicklung von vielen Kontakten beteiligt und muss deshalb auch über den Inhalt des Account-Plans und seine Aufgaben bei der Erfüllung des Plans informiert werden. Dasselbe gilt auch für alle, die Support-Funktionen bei komplexen Kundenbeziehungen innehaben und dafür sorgen müssen, dass Support-Prozesse integriert und elektronisch miteinander verknüpft werden.

Das Account Team spielt eine maßgebliche Rolle bei der Sicherung hochwertiger Kontakte. Die Hauptaufgabe des Teams besteht darin, den Informationsfluss zwischen den einzelnen Funktionen so zu gewährleisten, dass einerseits der Account Manager die bei den Kontakten gewonnenen Informationen analysieren kann und andererseits die Teilziele und das Gesamtziel des Account-Plans an alle Funktionen weitergegeben werden können.

Executive Relationships – Kundenbeziehungen auf der Führungsebene aufbauen

Kundenkontakte auf Führungsebene sind der Schlüssel zu einem besseren Verständnis der vom Lieferanten gebotenen Wertsteigerungschancen. Zur Förderung dieser Kontakte haben viele Unternehmen für ihr Führungspersonal ein eigenes Kundenkontaktprogramm entwickelt. Die Einrichtung eines solchen Kontaktprogramms zielt auf den Aufbau stärkerer Beziehungen zum Kunden auf der Führungsebene ab. Wie eingangs erwähnt, kann es für einen Account Manager äußerst schwierig sein, Zugang zu den Vorstandsmitgliedern des Kunden zu erhalten. Wird jedoch ein Vorstandsmitglied des Lieferanten in den Kundenkontakt miteinbezogen, kann sich eine andere Art von Beziehung entwickeln. Der Account Manager setzt gezielt leitende Angestellte aus dem Unternehmen des Lieferanten zur Stärkung der Beziehung ein. Das Gespräch zwischen „Gleichen" bezüglich der Funktion in der jeweiligen Unternehmenshierarchie, das Stehen „auf gleicher Augenhöhe", kann oft für die Qualität und Intensität der Beziehung entscheidend sein.

Doch nicht alle leitenden Angestellten fühlen sich im Kundenkontakt wohl. So könnte es ihnen zum Beispiel Probleme bereiten, leitende Angestellte aus dem Unternehmen des Kunden zu treffen, da sie nur unzulänglich über den Kunden informiert sind und nicht oder zu wenig mit der Entstehungsgeschichte bzw. den momentan in der Beziehung wichtigen Fragen vertraut sind. Daher ist es besonders wichtig, dass Kundenkontakte auf der Führungseben besonders sorgfältig koordiniert werden. So kann sichergestellt werden, dass die richtigen Führungskräfte des Lieferanten auch mit den richtigen Ansprechpartnern auf Kundenseite zusammengebracht werden. Ein Kontaktprogramm auf Führungsebene muss durch ein Informationssystem unterstützt werden, damit die notwendigen Informationen jederzeit abrufbar sind und für die an den Kundenkontakten beteiligten leitenden Angestellten eine spezifische Agenda erstellt werden kann.

> *Das Wichtigste ist, leitende Angestellte auszuwählen, die sich im Kundenkontakt wohl fühlen. Man sollte keine „Technokraten" auswählen, da sie unfähig sind, Beziehungen aufzubauen. Die richtigen Mitarbeiter auf Unternehmensseite mit den richtigen Mitarbeitern auf Kundenseite zusammenzuführen, ist außerordentlich wichtig.*

Energieversorgungsunternehmen

Die am Programm beteiligten leitenden Mitarbeiter müssen geschult werden, damit sie ein umfassendes Verständnis für SAM als Ganzes erlangen. Sie müssen ihre Rolle begreifen und an der Planung beteiligt sein.

Jeder der 300 leitenden Angestellten in unserem Unternehmen ist für einen Account zuständig. Das nennen wir PEP: Partnership Executive Program. Indem man alle leitenden Angestellten zu Account Managern macht, stellt man sicher, dass sie sich voll in den Prozess einbringen.

IT-Unternehmen

In der Praxis hat sich gezeigt, dass die verfügbaren Ressourcen auf Führungsebene erfahrungsgemäß den größten Einfluss auf die Anzahl an auszuwählenden Accounts haben. Die Tabelle in Abbildung 10 ist ein Beispiel dafür, wie die Ressourcenverteilung bei SAM analysiert und geplant werden kann. Die Analyse der verschiedenen Kontakte auf Führungsebene ermöglicht die Bestimmung der richtigen Anzahl strategischer Accounts im Programm. Wenn Kontakte auf Führungsebene Teil des Angebots sind, müssen sie auch wie geplant durchgeführt werden.

Beziehungstyp / Kontakte	Schlüssel-kunde			Strategischer Kunde			Outsourcing-Beziehung			Client-Partner		
Kontakte	L	AM	VP	L	AM	VP	L	AM	VP	L	AM	VP
Strategie-Sitzung		1		1	1	(1)	1	1	(1)	1	1	
Follow-up-Sitzung		1	2	1	2	6	1	2	9	2	4	9
Vertriebssitzung		1	4		4	6		2	4	1	4	12
Vertragsmanagement	1				1			1			1	
Studienreisen		1	1	1	2	2	1	2	2	1	2	3
Saisonbedingte Ereignisse		1	1		2	2		2	2	1	2	2
Besichtigung der Produktionsstätten		1	1	1	2	4	1	2	4	1	2	4
Anzahl der Treffen pro Jahr	**7**	**9**	**4**	**16**	**18**	**4**	**14**	**19**	**7**		**16**	**29**

Ressourcen
L = Leitender Mitarbeiter
AM = Account Manager
VP = Vertriebspersonal

Abbildung 10: Ressourcenverteilung Kundenkontakte pro Jahr

Kundenkontaktprogramme auf Führungsebene basieren normalerweise auf der Annahme, dass die leitenden Mitarbeiter ihre Pendants beim Kunden zwei- bis dreimal jährlich im Zusammenhang mit dem Account-Planungszyklus treffen. Wichtig ist, klare Ziele für die Treffen vorzugeben. Kontaktnotizen sind daher ein Muss. Der leitende Mitarbeiter spielt sowohl bei der Übermittlung von Informationen an den Account als auch bei der Erhebung von Informationen über die Kundenbeziehung eine wichtige Rolle. Diese gewonnenen Informationen fließen dann in den Account-Plan ein, um den Kenntnisstand über den betreffenden Kunden zu erweitern.

Kompetenzen und Fähigkeiten des Account Managers fördern und entwickeln

Ein erfolgreiches SAM hängt von kompetenten Account Managern ab, die in der Lage sind, die ihnen aus dem strategischen Account-Programm zur Verfügung stehende Unterstüzung voll auszuschöpfen und zu nutzen. Die Auswahl und Ausbildung der Account Manager ist daher **der** Schlüssel zum Erfolg. Das folgende Fallbeispiel zeigt, wie ICL die Kompetenzen seiner Account Manager gezielt fördert.

Fallbeispiel (● ICL)

ICL, ein international operierendes Computerunternehmen aus Großbritannien, hat ein **Zentrum zur Förderung von Kundenmanagern** eingerichtet, das die Fähigkeiten der Kundenmanager weiterentwickelt und dadurch auch die Fähigkeiten des Unternehmens als Ganzes fördert. In diesem Förderzentrum werden in einem ersten Schritt die tatsächlichen Fähigkeiten der Kundenmanager im Vergleich zu den von ihnen erwarteten Fähigkeiten bewertet. Im Anschluss daran erhalten die Kundenmanager ein Feedback, wie sie ihren persönlichen Förderplan aktualisieren und umsetzen können.

Zentren zur Förderung von Kundenmanagern haben sich als das akkurateste Mittel zur objektiven Bewertung individueller Fähigkeiten herausgestellt. Die Kundenmanager halten dort Präsentationen und nehmen anschließend an strukturierten Gesprächen teil. Am Ende der Bewertung tragen die Gutachter gemeinsam alle erfassten Informationen über die Kundenmanager zusammen, um eine Grundlage für die Feedbacksitzung zu schaffen, zu der einer der Gutachter zu einem späteren Zeitpunkt einlädt.

Der Kundenmanager kann, wenn er möchte, seinen Vorgesetzten und einen Vertreter der Personalabteilung zu diesem Treffen einladen. Er muss aber auf jeden Fall die Ergebnisse mit seinem Vorgesetzten besprechen, um seinen Förderplan auf den neuesten Stand zu bringen.

Die für das Kundenmanagement erforderlichen Fähigkeiten umfassen:

Geschäftsinstinkt. Die Fähigkeit, geschäftliche Bedürfnisse des Kunden zu verstehen – einschließlich der strategischen Ziele und des gesamten IT-Bedarfs. Dafür sind auch Kenntnisse über die Branche und die Märkte des Kunden erforderlich.

Proaktivität. Die Fähigkeit, Chancen zu erkennen und die Initiative zu ergreifen, um dem Kunden Ideen und mögliche Lösungen näher zu bringen.

Führungsqualitäten. Die Fähigkeit, das Account Team zu leiten und zu motivieren, Vorbild für die ICL-Werte zu sein (zu den Werten gehören zum Beispiel: der Kunde steht an erster Stelle, ein einheitlich auftretendes ICL, Teamwork, Respekt vor der Gesellschaft und Professionalität). Dies beinhaltet auch, über die Kernkompetenzen zu verfügen, die für alle ICL-Managementrollen als wesentlich erachtet werden.

Planung und Monitoring. Die Fähigkeit zur Erstellung von Analysen und Prognosen sowie Plänen für den Account mithilfe des CFAP-Prozesses. Dies schließt auch den Bereich der Aktivitäts- und Leistungsüberwachung der Planungen mit ein.

Aufbau von Beziehungen. Die Fähigkeit, hierarchieübergreifende Beziehungen sowohl innerhalb der Kundenorganisation als auch innerhalb von ICL aufzubauen und weiterzuentwickeln.

Verkaufsgeschick. Die Fähigkeit, Verkaufschancen zu eröffnen, zu erkennen und zu nutzen. Dies beinhaltet insbesondere einen „Beratungsansatz", der zur Schaffung und Nutzung strategischer Verkaufschancen führt.

Kommunikation und Überzeugungskraft. Die Fähigkeit, den eigenen Einfluss zum Tragen zu bringen, Konflikte zu lösen und Treffen und Briefings sowohl intern als auch extern abzuhalten.

Bewertung und Urteilsvermögen. Die Fähigkeit, Entscheidungen zu fällen und die finanziellen und kommerziellen Auswirkungen bestimmter Strategien zu begreifen sowie die Fähigkeit, Risiken abzuschätzen.

ICL-Wissen. Die Fähigkeit, die Strategie und die Leistungen von ICL – einschließlich der technischen Möglichkeiten (eigene und von Dritten) – zu verstehen und zu erklären.

Ergebnisorientierung. Die Fähigkeit, innerhalb des Account Teams eine ergebnisorientierte Vorgehensweise anzuregen und aufrechtzuerhalten, sodass alle Team-Mitglieder ihr Augenmerk auf die Ergebnisse und die wichtigsten Leistungsindikatoren für den Account richten.

Quelle: ICL

Das ICL-Beispiel legt nahe, dass eine Spezifikation der erforderlichen Kompetenzen notwendig ist, um geeignete Account Manager zu finden. Allgemein lässt sich für einen **Account Manager** das folgende **Anforderungsprofil** erstellen:

Der Account Manager ist ein „Geschäftsführer"-Typ, sollte daher über allgemeine Managementerfahrung verfügen. Er sollte die Auswirkungen des externen Geschäftsumfelds, die Account-Beziehung und die Geschäftsprozesse seines eigenen Unternehmens kennen. Zudem muss der Account Manager sich gut mit Jahresabschlüssen und Jahresberichten auskennen. Da der Account Manager im Endeffekt dafür verantwortlich ist, dass der Lieferant den Wertsteigerungsprozess des Accounts unterstützt, muss er auch gut über die dem Lieferanten zur Verfügung stehenden Prozesse, Produkte und Kompetenzen informiert sein.

Vertriebserfahrung ist für einen Account Manager nicht zwingend erforderlich, doch ist sie ohne Zweifel sehr nützlich. Allerdings ist es äußerst wichtig an dieser Stelle anzumerken, dass der Account Manager kein Verkäufer im Sinne eines klassischen Vertriebsmitarbeiters ist! Er muss in der Lage sein, komplexe Beziehungen zu verstehen, um die Kundenbeziehung als Ganzes erfassen und dieses Verständnis dem Kunden vermitteln zu können.

Verhandlungsgeschick ist eine offenkundige Voraussetzung, da es sich bei vielen der wichtigsten Kontakte, an denen der Account Manager beteiligt ist, um Verhandlungen mit Schlüsselkunden handelt. Kooperationsgeschick wird für die Leitung des Account Teams ebenfalls benötigt. Kooperationsfähigkeit ist eine unverzichtbare Anforderung beim Umgang mit strategischen Account-Beziehungen, die auf Ressourcenteilung, Kooperation und Co-Produktion beruhen.

Da immer mehr Account-Beziehungen mit Unterstützung von Informationstechnologien geführt werden, muss der Account Manager angemessene Kenntnisse über den Einsatz von IT in Kundenbeziehungen haben. Das Beispiel der Oracle Corporation zeigt, wie IT-Technologien bei der Optimierung der Kompetenzen von Account Managern eingesetzt werden können.

Die Kunden dieses Unternehmens für Datenbanksoftware und Informationsmanagementdienste waren unzufrieden mit der Art und Weise, wie das Unternehmen seine globalen Kunden behandelte. Oracle war nicht weltweit organisiert und die globalen Kunden erhielten vom Unternehmen keine ausreichende Betreuung und Unterstützung.

Aus diesem Grund wurde 1993 ein **Global Account Management Program (GAMP)** ins Leben gerufen. Das Programm wurde entwickelt, um die internationale Geschäftstätigkeit der Oracle-Kunden und die Koordination der globalen Aktivitäten zu vereinfachen.

Eine der Komponenten von GAMP ist das **Global Account Manager Excellence Program**. Das Programm legt im Wesentlichen das Profil eines „idealen" Global Account Managers (GAM) fest, das von einer aus GAMs, Oracle-Managern und Kunden zusammengesetzten Focus Group ermittelt wurde. Das Profil wird zur Auswahl neuer Manager und zur Leistungsbewertung der aktuellen GAMs herangezogen.

Die Bewertung der derzeitigen Global Account Manager erfolgt über einen Vergleich mit dem Profil eines „idealen" GAM und der Ermittlung der sich so ergebenden Kompetenzlücken. Um diese Lücken zu verringern oder zu schließen, wird für jeden GAM ein persönliches Förderprogramm entworfen. Die Förderprogramme umfassen die Aspekte kaufmännisches Geschick, kultureller Hintergrund, Vertrieb auf Geschäftsführungsebene und sprachliche Fähigkeiten.

Ein wichtiger Bestandteil von GAMP ist das **GAM-Informationssystem**, das auf Oracles eigener Datenbanktechnologie aufsetzt, um so das weltweite Koordinationsprogramm zu unterstützen. Mit gewissen Einschränkungen hat jeder Mitarbeiter von Oracle Zugriff auf dieses System. Dadurch werden allen Mitarbeitern, die mit dem gleichen Account zu tun haben, die relevanten Kundeninformationen zugänglich gemacht.

Das Global Account Management Programm erleichtert die Steuerung globaler Projekte. Es ermöglicht Oracle, die besten Global Account Manager auszuwählen und an sich zu binden sowie das Budget für ihre Ausbildung zu bestimmen. Das Programm hat Oracles Einnahmen aus seinen Global Accounts gesteigert und die Kundenzufriedenheit erhöht, da die Kunden nun von einem einzigen Lieferanten einen umfassenden globalen Service erhalten.

Quelle: Nama 1998

Gestalten Sie die Vergütung einfach!

Im Folgenden werden die Vor- und Nachteile verschiedener Vergütungsmodelle und -kriterien beleuchtet. Der Ansatz beschränkt sich hierbei auf die monetäre Vergütung und schließt Aktienvorkaufsrechte für das Management nicht mit ein.

Die meisten der befragten Unternehmen verwendeten für Account Manager ein Anreizsystem, das ein festes Grundgehalt und zusätzliche, auf vielfältigen Leistungsbewertungen basierende Prämien oder Provisionen vorsieht. Das Grundgehalt belief sich durchschnittlich auf 50 bis 80 Prozent des möglichen Gesamtverdienstes. Der Spitzenverdienst erreichte bei den befragten Unternehmen 140 Prozent. Die Leistung wurde häufig an dem Ergebnis des Teams oder der Abteilung bemessen. Nur sehr wenige Firmen zahlten den Account Managern Provisionen für persönlich erbrachte Leistungen.

Ich glaube, das beste Vergütungskonzept war das, bei dem die Außendienstmitarbeiter bei Verkäufen die volle Provision erhielten und zwar unabhängig davon, ob sie die Verkäufe eingefädelt hatten oder nicht. Der Account Manager bezog ein Festgehalt und erhielt eine nach der Ertragssteigerung bemessene Prämie. Diese Prämie wurde je nach Verkaufsprozess vierteljährlich oder jährlich ausgezahlt.

Büromaterialhersteller

Vier Grundmodelle für die Vergütung

Ein Vergütungssystem lässt sich grundsätzlich auf vier verschiedene Arten verwirklichen:

- **Festgehalt ohne Provision oder Prämien**
  Die erste und einfachste Art ist das Festgehalt ohne Provision oder Prämien. Dieses System ist einfach und leicht umsetzbar und kann auch den Wissensaustausch im Unternehmen verbessern. Für sich allein genommen wirkt das Gehalt jedoch weder als Anreiz für das erfolgreiche Management spezifischer Account-Beziehungen noch belohnt es Erfolg.

● **Provisions- oder Prämienplan ohne Grundgehalt**

Das zweite Vergütungssystem besteht aus einem Provisions- oder Prämien-plan ohne Grundgehalt. Dieses System ist recht einfach zu verwalten und funktioniert nach dem Prinzip „was erledigt wird, wird bezahlt". Die Mitar-beiter werden dafür bezahlt, die vereinbarten Ergebnisse zu erzielen. Eine Vergütung ohne Grundgehalt wird jedoch von Mitarbeitern als recht unsi-cher bewertet, weshalb dieses System bei ihnen auch nicht sonderlich be-liebt ist. Ein reines Provisionssystem kann darüber hinaus den internen Wis-sensaustausch beinträchtigen: Jeder Mitarbeiter arbeitet in erster Linie für „seine" Provision, eine Einstellung, die sich kontraproduktiv auf die Team-arbeit auswirkt. Allerdings gibt es auch für dieses System ein paar geeigne-te Einsatzmöglichkeiten, so haben es zum Beispiel einige Börsenmaklerfir-men und Immobiliengesellschaften erfolgreich eingesetzt.

● **Grundgehalt und Provision oder Prämie in Abhängigkeit einer einzi-gen Leistungsbewertung**

Das dritte und komplexere Vergütungssystem fußt auf einem Grundgehalt und einer Provision oder Prämie auf Basis einer einzigen Leistungsbewer-tung. Diese Kombination aus Gehalt und Prämie ist effizient, da sie Anreize für das erfolgreiche Management spezifischer Account-Beziehungen schafft. Obwohl für dieses System nur eine einzige Leistungsbewertung er-forderlich ist, kann es dennoch relativ kompliziert zu handhaben sein. Eine einzige Leistungsbewertung kann zudem zu einseitigen Anreizen, zu einer Behinderung des internen Knowledge Sharing oder sogar zu ungerechtfer-tigt verteilten Belohnungen führen.

● **Grundgehalt und Prämie oder Provision, die sich aus einer multiplen Leistungsbewertung errechnet**

Das vierte und komplexeste Vergütungssystem ist die Kombination aus einem Grundgehalt mit einer Prämie oder Provision, die sich aus einer multiplen Lei-stungsbewertung errechnet. Ebenso wie eine Prämie auf der Grundlage einer einzigen Leistungsbewertung, ist auch die multiple Leistungsbewertung ein effizientes Anreizsystem und ermutigt zum vollen Einsatz beim Management spezifischer Account-Beziehungen. Das System kann jedoch sehr komplex und äußerst schwierig in der Durchführung sein. Wie sich dieses System letztlich auswirken wird, lässt sich nur schwer vorhersagen.

Vergütungskriterien

Die in den vier genannten Anreizsystemen beschriebenen Leistungsbewertungen lassen sich auf eine Vielzahl von Vergütungskriterien anwenden. Die Kriterien können auf vielerlei Art zusammengefasst werden, aber aus SAM-Sicht lassen sie sich sinnvoll in folgende drei Arten von Kriterien einteilen:

- Kriterien auf der Grundlage von Verkaufsergebnissen (oder anderen finanziellen Maßstäben wie zum Beispiel dem Gesamtergebnis des Unternehmens in einem Geschäftsjahr),
- Kriterien auf der Grundlage der Erfüllung des Account-Plans und
- Kriterien auf der Grundlage der Unterstützung von Kundenprozessen.

Kriterien auf der Grundlage von Verkaufsergebnissen

Auf Verkaufsergebnissen basierende Vergütungskriterien sind einfacher zu bewerten als andere aktivitäts- oder kundenbezogene Kriterien. Verkaufsergebnisse heranzuziehen, ist eine unkomplizierte Methode der Leistungsbewertung, und Studien haben belegt, dass es sinnvoll ist, das Vergütungssystem so einfach wie möglich zu gestalten. Die Kriterien für die Verkaufsergebnisse können entweder auf der Beibehaltung des aktuellen Verkaufsvolumens oder auf der Entwicklung eines zusätzlichen oder inkrementellen Verkaufsvolumens basieren. Das Erreichen verkaufsvolumenorientierter Ziele oder der Verkauf neuer Produktlinien kann ebenso als Grundlage für die Vergütung dienen. Die Kriterien können auch auf konkurrenzfähige Account-Konversionen, den Verkaufsanteil bei bestimmten Accounts oder das Erreichen von Rentabilitätszielen bezogen werden. Ferner können auch Verbesserungen beim Produkt-Mix als Grundlage für die Vergütung herangezogen werden.

Verkaufsergebnisse eignen sich besonders für Firmen in Wachstumsmärkten als Leistungsbewertung, da sie die Vergütung auf die Grundlage unumstößlicher Leistungsdaten stellen. Lediglich die Verkaufsergebnisse zu Grunde zu legen, wird jedoch dem realen Wert strategischer Accounts nicht gerecht. Obwohl SAM die Herausbildung starker Partnerschaften mit dem Kunden in den Vordergrund stellt, haben Studien ergeben, dass die SAM-Vergütung immer noch weitgehend auf Verkaufsleistungen und Rentabilitätsbewertungen ausgerichtet ist. Wenn die Auswahlkriterien für strategische Accounts jedoch qualitativer Art sind, dann sollte das Anreizsystem diese Werte ebenfalls widerspiegeln.

Um das Interesse all unserer Außendienstmitarbeiter zu wecken, haben wir ein duales Belohnungssystem eingerichtet. Es ist wichtig, den lokalen Außendienstmitarbeitern genug Freiraum zu geben. Kontaktiert aber ein lokaler Außendienstmitarbeiter den Global Account Manager bei einem Verkaufsangebot nicht, verliert er seine gesamte Provision.

Hersteller industrieller Sicherheitssysteme

Kriterien auf der Grundlage der Erfüllung des Account-Plans

Vergütungskriterien, die auf der Erfüllung des Account-Plans basieren, bieten dem strategischen Account Team eher arbeitsbezogene Anreize. Die Erfüllung des Account-Plans kann als Indikator für die Effizienz von Account Managern oder Account Teams herangezogen werden. Bemessungsgrundlage sind die erzielten Ergebnisse und die Durchführung geplanter Aktionen. Die zu Grunde gelegten Kriterien können sowohl quantitativer als auch qualitativer Art sein, aber objektive Methoden zur Messung qualitativer Kriterien zu finden, ist alles andere als einfach. Auch die Gefahr, ein viel zu kompliziertes Vergütungssystem zu erstellen, muss bedacht werden. Mögliche Kriterien, die auf der Erfüllung des Account-Plans beruhen, können sein:

- effektive Durchführung des Account-Plans (Verkaufsvolumen, Kundenbeziehungsrentabilität, geplante/ausgeführte Aktionen, usw.),

- Gesamtqualität des Account-Plans (interne Qualitätsbewertung der ermittelten Geschäftschancen),

- Anzahl und Qualität der Account-Kontakte,

- Anzahl der Verkaufsangebote und Präsentationen (Trefferquote).

Kriterien auf der Grundlage der Unterstützung von Kundenprozessen

Die dritte Art der Vergütungskriterien bezieht sich auf die Unterstützung der Kundenprozesse. Damit Anreize auch wirklich kundenorientiert sind, müssen sie vom Account-Management-Team oder den einzelnen Teammitgliedern richtig eingesetzt werden. In einem Unternehmen, das in einem gesättigten Markt agiert, sollten die Anreize darauf ausgerichtet sein, Vergütung für „weiche" Kundenbeziehungsbewertungen zu bieten.

Kriterien, die auf der Unterstützung von Kundenprozessen basieren, können zum Beispiel die Gesamtqualität des strategischen Account-Management-Programms oder die Fähigkeit, Außendienstaktivitäten zu koordinieren, beinhalten. Auch das Erreichen von Kundenzielen kann gekoppelt an die Zufriedenheit des Kunden mit dem Lieferanten zur Vergütungsbestimmung herangezogen werden. Beziehungsprozesse können ebenfalls als Kriterien für die Bewertung der Kundenprozessunterstützung dienen.

Das Problem bei diesen Kriterien ist, dass es recht schwierig ist, objektive Maßstäbe für die Bewertung der qualitativen Aspekte zu finden. Selbst wenn sich geeignete Kriterien finden lassen, besteht doch immer die Gefahr, ein Vergütungssystem aufzubauen, dessen praktische Umsetzung schwierig, wenn nicht gar unmöglich ist.

Eine sorgfältige Planung ist äußerst wichtig, um eine Abweichung einzelner Ziele von Support-Zielen, die für andere Mitarbeiter in der Unternehmensorganisation vorgegeben worden waren, zu verhindern. Dies ist besonders in jenen Situationen wichtig, in denen zwei verschiedene Organisationen oder Teams gemeinsam am selben Projekt oder mit einem bestimmten Kunden arbeiten. Dies gilt besonders für das Global Account Management, wo lokale und globale Interessen miteinander im Konflikt stehen können.

Für Beziehungen mit strategischen Accounts sind oft langfristige Ziele erforderlich, die die üblichen zwölf Monate übersteigen. In diesem Fall können Verkaufsprämien, die auf dem Jahresumsatz basieren, den Schwerpunkt zu Ungunsten eines langfristigen Beziehungsmanagements verlagern. Einige Unternehmen haben das Problem dadurch gelöst, dass sie nur ein Grundgehalt ohne Prämien oder Anreize zahlen. In einigen Fällen wird eine längere Zeitspanne bei der Bewertung des mit einem bestimmten Kunden oder Projekt erzielten Erfolgs veranschlagt. Beide Methoden ermöglichen es, beim Kundenbeziehungsmanagement eine vorausschauende Perspektive zu wahren.

Letzten Endes muss das Hauptziel sein, die Vergütung beim strategischen Account-Management einfach zu gestalten! Wie bei allen Vergütungssystemen sollten die Kriterien für alle Beteiligten klar und leicht verständlich sein. Alle drei Ebenen der Vergütungskriterien (Verkaufsergebnisse, Erfüllung des Account-Plans und Kundenprozessunterstützung) können eingesetzt werden. Sie können entweder kundenspezifisch oder unternehmensbezogen angewandt werden.

Ein Anreizsystem zu entwerfen, ist alles andere als leicht, aber damit das System die gewünschten Resultate erbringt, muss es gründlich durchdacht und geplant sein. Fünf grundlegende Punkte müssen bei der Planung eines Anreizsystems bedacht werden:

1. **Gehaltsstufe.** Sie bezieht sich auf die Gesamtsumme, die der Angestellte bei Erreichen des Solls erhält.

2. **Pay Mix oder Risikostufe.** Dieser Punkt bezieht sich auf das Verhältnis des Grundgehalts zum variablen Gehalt bei Erreichen des Solls. Man kann zum Beispiel 50 Prozent Grundgehalt und 50 Prozent Provision zahlen.

3. **Verdienstpotenzial nach oben (Leverage).** Hierbei wird festgelegt, wie viel mehr ein Mitarbeiter verdienen kann, wenn seine Leistung über dem Soll liegt. Hat man ein Grundgehalt von 50 000 Euro und erhält man eine gleich hohe Prämie für das Erreichen des Solls, kann man, im günstigsten Falle, 100 000 Euro zusätzlich verdienen. Das Verhältnis würde dann 2 zu 1 betragen.

4. **Leistungsbewertungen.** Dadurch erfahren die Mitarbeiter, was sie leisten müssen, um die Anreizzahlung zu erhalten.

5. **Bewertungshäufigkeit** und **Bewertungsverfahren.**

Dieselben Überlegungen gelten für die Planung von Anreizsystemen für National Account Manager.

National Account Manager werden im Allgemeinen in **die höchste Gehaltsstufe eines Unternehmens eingruppiert.** Wenn ein Vertriebsmitarbeiter im ersten Jahr ein Soll-Gehalt von beispielsweise 50 000 Euro erhält, würde das Verhältnis des Account Manager so aussehen, dass sein Soll-Gehalt in einer Größenordnung von 120 000 Euro gezahlt würde.

In der Regel haben National Account Manager ein **geringeres Risiko und ein höheres Grundgehalt.** Der typische Pay Mix liegt bei 80 zu 20. Die National-Account-Vertriebsprozesse sind meist strategischer Natur, weshalb eine kurzfristige Grundlage für die Leistungsbewertung nicht angemessen wäre. Außerdem sind diejenigen, die eine Account-Management-Position innehaben, ein höheres Einkommensniveau gewohnt. Das **Verdienstpotenzial** eines Account Managers **ähnelt dem des Vertriebspersonals.** Der Leverage-Effekt könnte bei 2 zu 1 oder weniger liegen.

Typische Leistungsbewertungen lassen sich in zwei Teile aufgliedern: erstens die Beurteilung der finanziellen Leistung und zweitens die Beurteilung der strategischen Leistung. Die **finanzielle Leistung** bezieht sich auf die Fähigkeit des Account Managers, die Gewinnquote bezüglich Bruttomargen oder Umsätzen zu erfüllen. Grundsätzlich ist ein nationales Account-Management-Programm ein effektiver Quotenmanagementprozess, im Rahmen dessen man Ziele setzt und Mitarbeitern Anreize bietet, diese auch zu erreichen. **Die strategischen Leistungs-bewertungen** basieren auf **Management by Objectives**, zum Beispiel einem speziellen Marketingprogramm. Auch die Kundenzufriedenheit kann zur Leistungsbewertung eingesetzt werden, doch ist dies in der Praxis schwer umzusetzen.

Da die Grundlage zur Leistungsbewertung von National Account Managern die Erfüllung der Gewinnquote ist, sollte die Leistungsbewertung je nach Verkaufsprozess **auf einer jährlichen Basis** erfolgen. Beruht der Verkaufsprozess auf Transaktionsbasis, kann die Leistungsbewertung auch vierteljährlich erfolgen. Die schwierigste Frage ist jedoch, ob man die Leistung **lokal oder global** beurteilen sollte. Gewöhnlich interagieren Account Manager bis zu einem gewissen Grad mit dem lokalen Vertriebspersonal, weshalb das Vergütungsmodell häufig multiple Vertriebsansätze miteinander in Einklang bringen muss.

Dafür gibt es grundsätzlich zwei Alternativen: **eine geteilte oder eine doppelte Anerkennung.** Zieht ein Mitarbeiter des lokalen Vertriebspersonals einen National Account Manager hinzu und wird ein Geschäft über 100 000 Euro abgeschlossen, können dem lokalen Außendienstmitarbeiter 70 000 Euro und dem National Account Manager 30 000 Euro anerkannt werden. Dies nennt man geteilte Anerkennung. Bei einer doppelten Anerkennung würden beide 100 000 Euro erhalten.

Quelle: Interview mit Bob Kelley, Performance Planning

Es ist äußerst wichtig, die richtigen Mitarbeiter für die Entwicklung und das Management des SAM-Programms auszuwählen. Der Programm-Manager sollte den Account Managern dabei helfen, sich die Unterstützung der restlichen Unternehmensorganisation zu sichern. In einem komplexen Umfeld sollten Account Teams zum systematischen strategischen Account-Management eingesetzt werden.

Sämtliche organisatorischen Ressourcen, die oberste Führungsebene mit eingeschlossen, sollten darauf ausgerichtet sein, die ausgewählten Beziehungsstrategien unterstützend zu begleiten. Für jedes Meeting sollte eine Tagesordnung erstellt werden und die Rollen aller Beteiligten sollten sorgfältig festgelegt werden, um sicherzustellen, dass die richtigen Informationen weitergeleitet und bei jedem persönlichen Treffen gesammelt werden.

Die Auswahl und Motivation der Account Manager ist eine der Hauptaufgaben des Account-Management-Teams. Die Qualifikationen der Account Manager müssen definiert und spezielle Trainingsprogramme entwickelt werden. Die Vergütung sollte sich motivierend auswirken und gleichzeitig der internen Kooperation und Kommunikation förderlich sein, ohne die Gefahr einer Suboptimierung aufkommen zu lassen.

Die folgenden Aussagen wurden in der Reihenfolge ihrer Abhandlung in diesem Kapitel aufgeführt und können von Ihnen zur kursorischen Bewertung der SAM-Praktiken in Ihrem Unternehmen herangezogen werden. Können Sie die meisten Aussagen mit „Ja" beantworten, ist das SAM-Programm in Ihrem Unternehmen vermutlich recht gut ausgeprägt. Ist jedoch „Nein" die am häufigsten gegebene Antwort, ist es vielleicht hilfreich, jene Abschnitte dieses Kapitels, die für die Entwicklungsanforderungen in Ihrem Unternehmen relevant erscheinen, erneut durchzulesen. Befinden sich in Ihrem Unternehmen gerade viele der angesprochenen Punkte „im Entwicklungsstadium", dann haben Sie vermutlich den richtigen Kurs eingeschlagen und die Anregungen in diesem Buch können dazu beitragen, Ihr Unternehmen auch auf diesem Kurs zu halten.

Aussage	Ja	Nein	Im Entwicklungs-stadium
Ein Programm-Manager wurde ernannt.			
Account Manager wurden ausgewählt.			
Die Mitwirkung der Führungs-ebene wurde gesichert.			
Die Mitarbeiter wurden über das Programm informiert.			
Kriterien für die Auswahl der Account Manager wurden festgelegt.			
Spezifische Ausbildungs- und Trainingskurse für Account Manager wurden entworfen.			
Account Manager haben ihre eigenen Anreizprogramme.			
Interne Support-Prozesse wurden ermittelt.			
Spezielle Tools zur Unterstützung von SAM sind vorhanden.			

KAPITEL 4

Beziehungs- und Opportunity Management

Das Beziehungs- und Opportunity Management bei SAM umfasst Analysetätigkeiten, die Ermittlung von Geschäftschancen, die Planung, die richtige Ressourcenverteilung und die Umsetzung des Plans. Opportunity Management beinhaltet die Statusanalyse einer bestehenden Kundenbeziehung und die Ermittlung verbesserungsfähiger Aspekte. Auch der Umgang mit neu auftretenden Problemen und Kundenwünschen ist in diesem Zusammenhang von Bedeutung. Bei strategischen Account-Beziehungen kann das Engagement der Unternehmensführung von entscheidender Bedeutung sein, wenn es darum geht, neue Geschäftschancen aufzuspüren.

Dieses Kapitel wird sich zunächst mit der Rolle der Account-Planung beim Opportunity Management befassen und den Stellenwert der Einbindung von Kunden in diesen Prozess bewerten. Die Rolle des Kunden im Account-Planungsprozess unterscheidet sich in Abhängigkeit von der Art der Kundenbeziehung. Bei einer Schlüsselkundenbeziehung muss der Kunde nicht unbedingt an den Account-Planungsaktivitäten mitwirken, während bei einer Kunden-Partner-Beziehung die Mitwirkung nicht nur empfehlenswert, sondern sogar unabdingbar für den Erfolg ist. Aus eben diesem Grund kann die Account-Planung in einer Kunden-Partner-Beziehung zu einer schwierigen Aufgabe werden.

Nach der Erörterung des Inhalts und der Prozesse der Account-Planung wird ein zur systematischen Ermittlung von Geschäftschancen eingesetzter Prozess vorgestellt, der es Unternehmen erleichtern soll, auf neue Probleme und Anfragen zu reagieren. Ferner werden einige Tools zur Vereinfachung des Account-Planungsprozesses eingeführt.

Beziehungs- und Opportunity Management betrifft auch die Umsetzung von Account-Plänen. Aktionen führen zu Kontakten, bei denen die Wertsteigerung dem Kunden aufgezeigt und vermittelt werden muss. Als wichtige Komponente des Kontaktmanagements wird auch die Frage behandelt, wie man bei Kundenkontakten effektiv kommuniziert und wie man die Wertsteigerung belegen kann.

Der Account-Plan als Grundlage der Zielvorgaben

Das Ergebnis der Account-Planung sollte ein klares Verständnis der Beziehungsziele und ein detaillierter Maßnahmenkatalog zu deren Erreichung innerhalb des Planungszeitraums sein. Der Account-Plan erleichtert sowohl die Ermittlung von Geschäftschancen in einer Kundenbeziehung als auch die Umsetzung der dafür erforderlichen Aktionen. Der Account-Plan fungiert zugleich als Datenbank für die Dokumentation der Planungsschritte. Das folgende Beispiel der Electrical Distribution Company verdeutlicht die zentrale Stellung des Account-Plans im SAM-Gesamtgefüge.

Fallbeispiel (• **Electrical Distribution Company**)

Dieser Marktführer im weltweiten Energieversorgungsgeschäft wählt seine strategischen Accounts sorgfältig aus: Die Accounts gehören selbst zu den Marktführern in ihrer jeweiligen Branche. Da sie die gesamte Produktpalette des Stromanbieters nutzen, ist eine umfassende, unternehmensweite Koordination unerlässlich. Hier tritt der Account Manager auf den Plan.

Ein grundlegendes Tool der für die Kundenzufriedenheit zuständigen Account Manager ist **der Account-Plan.** Dieser Plan ist ein Leitfaden, der verschiedene Informationen enthält, wie zum Beispiel:

- Basisdaten über die Größe des Kundenunternehmens, die Investitionspläne des Kunden und dessen Hauptentscheidungsträger,

- die Account-Strategie, aus der hervorgeht, was das Unternehmen mit dem Account machen möchte,

- ein Aktionsplan für jedes Land, in dem der Account agiert.

Die Strategie wird vom Account Manager in Zusammenarbeit mit der eigenen Geschäftsführung und dem Leiter des strategischen Account-Programms ausgearbeitet. Lokale Einheiten sind an der Erstellung von Aktionsplänen auf lokaler Ebene beteiligt, jedoch nicht am Entwurf der Gesamtstrategie.

Damit der Account-Plan zufriedenstellend ausfällt, müssen Dienstleister und Kunde eng zusammenarbeiten. Der **Kunde muss an der Ausarbeitung des Plans mitwirken,** indem er die wichtigsten Investitionspläne und andere strategisch relevante Informationen als Input für den Account-Plan verfügbar macht. Dies erfordert normalerweise eine enge Beziehung zwischen Account Manager und Kunde.

Dennoch werden die Kunden nicht an der eigentlichen Planung beteiligt und erhalten auch keine Kopie des fertigen Account-Plans. Trotz enger Zusammenarbeit mit dem Kunden ist der Plan nur zur internen Nutzung beim Lieferanten freigegeben.

Zusätzlich zum Plan verfügt das Unternehmen auch über Tools und Systeme zur Unterstützung des Global-Account-Programms. Ein internes Ausgleichssystem entschädigt die lokalen Niederlassungen für ihre jeweiligen Investitionen in einen Global Account. Ein übergreifendes Datenbanksystem ermöglicht es lokalen Einheiten, Daten zu speichern und erleichtert somit die unternehmensweite Zusammenarbeit. Das Account-Management verfügt zudem über Personal zur Unterstützung bei Ausbildungsfragen und zum Entwurf von Tools und Prozessen.

Das Energieversorgungsunternehmen setzt sich mit großem Engagement dafür ein, seinen Kunden Benefits zu bieten. Mithilfe des Global-Account-Programms und des Account-Plans ist das Unternehmen in der Lage, mehr Produktivität und höhere Taktraten zu erbringen. Schneller als andere Firmen zu sein und dem Kunden den tatsächlich generierten Wert zu dokumentieren, ist sehr wichtig für das Unternehmen. Dieser Ansatz wirkt sich entlastend auf die Preispolitik aus und stellt eine Verbindung zwischen dem Preis des Produkts und seinen weiteren Merkmalen her.

Quelle: Interview

Der Account-Plan fungiert als Plattform für den folgenden Planungszyklus: Analyse, Zielvorgabe, Aktionsplanung, Umsetzung, Follow-up und Beziehungsmetrik. Zur Erstellung des Account-Plans können Hilfsmittel eingesetzt werden, die den Erstellungsprozess vereinfachen. Diese können zum Beispiel ein Account-Strategiepapier als Orientierungshilfe für den Account-Planungsprozess im Unternehmen, Mess- und Analysetools zur Positionierung der Kundenbeziehungen oder auch Account-Plan-Vorlagen zur Systematisierung der Suche nach neuen Geschäftschancen sein.

Der Inhalt des Account-Plans und der Prozess der Account-Planung können mithilfe von Abbildung 11 erarbeitet werden.

Der Output besteht aus zwei Elementen:

● der **Zielvorgabe**, um die Beziehungsziele klar verständlich zu vermitteln,

● der **Aktionsplanung**, einschließlich einer detaillierten Planung aller für die Erreichung der Ziele notwendigen Aktionen.

Abbildung 11 legt nahe, dass für die Zielvorgabe bei Kundenbeziehungen ein gewisser Input in den Prozess eingebracht werden muss, nämlich die Identifizierung der angewandten Account-Strategie und eine Account-Analyse zur Positionierung und Ermittlung von Geschäftschancen in einer bereits existierenden Beziehung.

Die angewandte Account-Strategie bildet den allgemeinen Handlungsrahmen für die Vorgänge in der Beziehung. Die für einen bestimmten Account ausgewählte Art der Account-Strategie wirkt sich offensichtlich auf die zu entwickelnden Kundenziele und die für die Umsetzung der Strategie notwendigen Handlungen aus. Die Account-Strategie (zum Beispiel auf der Grundlage der in Kapitel 2 erörterten Beziehungsportfolios: Schlüsselkundenbeziehung, strategische Kundenbeziehung, Outsourcing-Beziehung oder Kunden-Partner-Beziehung) definiert zum einen das Angebot und enthält zum anderen die Beschreibung des für die Erbringung des Angebots notwendigen Kundenbeziehungsprozesses.

Für die Zielvorgabe ist eine gründliche Analyse der Kundenbeziehung im Account-Plan erforderlich. Die Analyse des Kundenwertes und der Beziehungsstärke bildet die Grundlage für die Positionierung des Kunden mit diesen spezifischen Attributen in Bezug zu denen ähnlicher Kunden und für die Ermittlung von Bereichen, in denen konkreter Handlungsbedarf besteht. Durch die Analyse der Kundenpositionierung und der damit verbundenen Daten kann das Account Team oder der Account Manager neue Geschäftschancen zur Verbesserung der Beziehung zum Kunden und diejenigen Bereiche ermitteln, die gemeinsames Handeln erfordern.

Der Account Manager muss mit dem Kunden gut genug vertraut sein, um dessen Input für den strategischen Plan zu erhalten. Die beiden müssen ein enges Bündnis eingehen. Der Kunde muss wichtige Investitionspläne und andere strategische Informationen offen legen, damit der Plan gut wird. Der Kunde ist weder am eigentlichen Planungsprozess beteiligt noch erhält er den fertigen Account-Plan. Der Account-Plan ist ein Dokument zur ausschließlich internen Verwendung.

Hersteller elektrischer Geräte

Das Verfahren zur Zielvorgabe setzt sich somit aus zwei Komponenten zusammen: Die erste Komponente umfasst spezifische Ziele für die Account-Strategie, wie zum Beispiel Wachstum des Geschäftsvolumens, Angebotsumfang (Komponentenanzahl, Produktportfolio) und Verstärkung der Kundenbeziehung in Form einer Erhöhung des Anteils am Kundenumsatz. Die zweite Komponente beinhaltet accountspezifische Ziele, die sich aus der Account-Analyse ergeben. Diese Ziele können Bemühungen zur Verbesserung der Beziehungsstärke, Investitionsvorschläge für die Co-Entwicklung neuer Angebote bzw. neuer Beziehungsprozesse und Investitionen in den Beziehungsausbau umfassen.

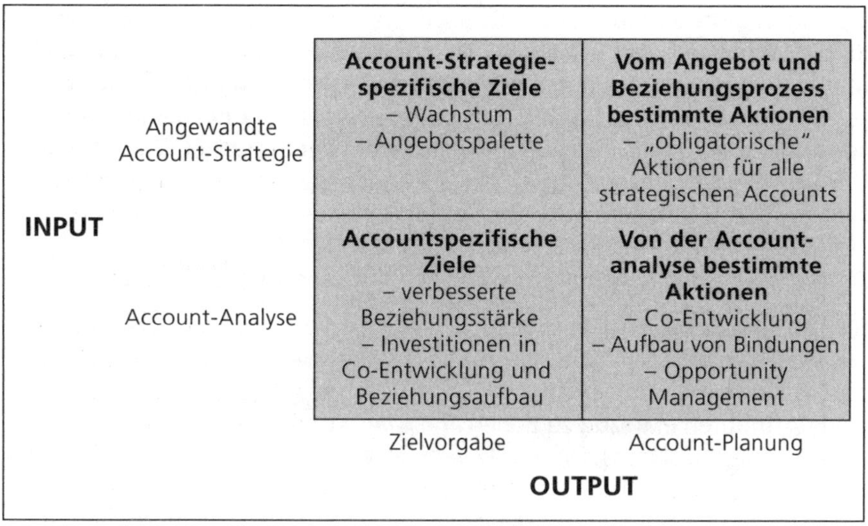
Account-Strategie-spezifische Ziele
– Wachstum
– Angebotspalette
Vom Angebot und Beziehungsprozess bestimmte Aktionen
– „obligatorische" Aktionen für alle strategischen Accounts
Angewandte Account-Strategie
INPUT
Accountspezifische Ziele
– verbesserte Beziehungsstärke
– Investitionen in Co-Entwicklung und Beziehungsaufbau
Von der Accountanalyse bestimmte Aktionen
– Co-Entwicklung
– Aufbau von Bindungen
– Opportunity Management
Account-Analyse
Zielvorgabe
Account-Planung
OUTPUT

Abbildung 11: Input und Output beim Account-Plan

Der Account-Planungsprozess

Um seinen Zweck zu erfüllen, das heißt ein klares Verständnis der Beziehungsziele der wichtigsten Unternehmenskunden zu vermitteln und zur Erreichung dieser Ziele geeignete Aktionen aufzuzeigen, muss der Account-Planungsprozess richtig verwaltet werden. In unserer mit mehreren Unternehmen durchgeführten Studie stießen wir auf eine Reihe von Fällen, bei denen der Account-Planungsprozess ohne den Einsatz robuster Tools und expliziter Prozesse eingeleitet worden war. Das Resultat war vorhersehbar: Die Account-Pläne waren entweder minderwertig oder unvollständig.

Abbildung 12 zeigt einen Account-Planungsprozess, der darauf abzielt, in einem Unternehmen eine ordnungsgemäße und strukturierte Account-Planung sicherzustellen. Man sollte jedoch beachten, dass das Ausmaß der Account-Planung von der Größe des SAM-Programms, der Anzahl der strategischen Accounts, der Art der strategischen Account-Beziehungen und von den verfügbaren Ressourcen abhängt. Der Prozessbeschreibung liegt die Vorstellung zu Grunde, dass die in Kapitel 4 erwähnten spezifischen SAM-Rollen beim Account-Planungsprozess mitwirken.

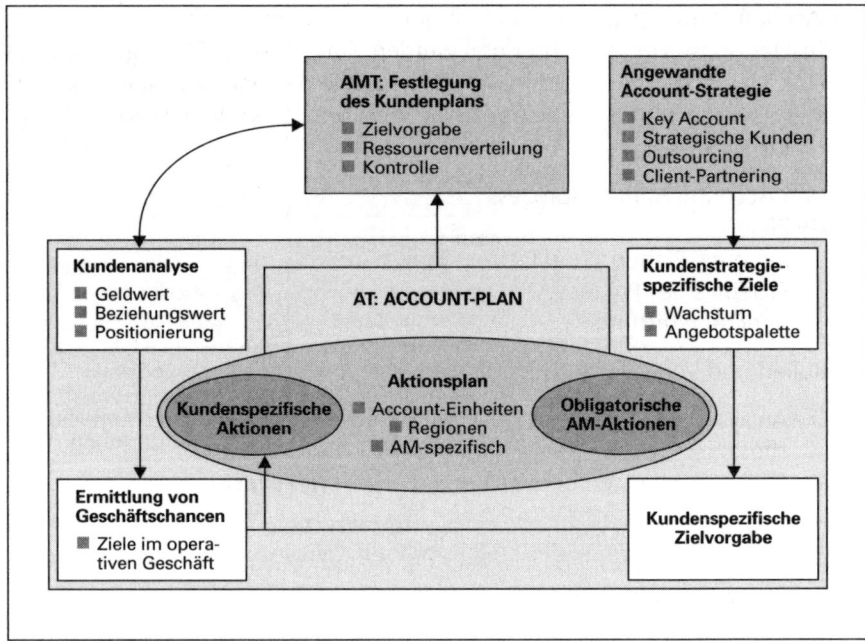

Abbildung 12: Der Account-Planungsprozess

Das Account-Strategiepapier vermittelt die Ziele

Im Idealfall leitet das Account-Management-Team den Account-Planungsprozess, indem es übergreifende Ziele festschreibt und Account Managern und Account Teams Instruktionen darüber gibt. Das Account-Management-Team bestimmt die Ziele auf der Basis einer eingehenden Analyse und dem Clustering der
Kunden innerhalb der Kundenbasis. Das Clustering der Kunden ist notwendig,
um einen Gesamtüberblick über die Situation innerhalb der strategischen
Account-Beziehungen zu erhalten und um Richtlinien für das weitere Vorgehen
innerhalb der Cluster vorzugeben. Die Erarbeitung der Zielvorgabe erfordert die
Definition der Ziele und der erforderlichen Aktionen zur Entwicklung der Kunden-
cluster im Allgemeinen. Diese allgemeinen Ziele für die Entwicklung von Kunden-
clustern bilden wiederum die Grundlage für das Account-Strategiepapier.

Ein Account-Strategiepapier kann als Tool zur Steuerung des gesamten Account-Planungsprozesses eingesetzt werden. Das Account-Strategiepapier ist ein Dokument, das den Account Teams die Ziele des Account-Management-Teams vermittelt und als Grundlage für die Account-Pläne dient. Es kann folgende Punkte umfassen:

- Den Account-Planungsprozess
  - Ziele
  - Account-Planung und Prozess-Follow-up
  - Ergebnis des Prozesses
  - Berichterstattung
- Rollen und Verantwortlichkeiten
- Die Analyse der Kundenbasis und Ermittlung der strategischen Account-Cluster
  - charakteristische Eigenschaften der Cluster
  - Geschäftschancen und Risiken innerhalb der Cluster
- Ziele bei der Entwicklung von Account-Clustern
  - allgemeine Aktionen innerhalb der Account-Cluster
  - Ressourcenverteilung
- Angewandte Account-Strategien und spezifische Ziele dieser Strategien
- Account-Planvorlagen und Account-Analyse-Tools
- Instruktionen für die Erfüllung des Account-Plans und für den Einsatz der Account-Analyse-Tools

Der Account-Plan identifiziert Geschäftschancen und Handlungsbedarf

Der Account-Plan sollte auf folgender Grundlage basieren: der Account Manager oder das Account Team sollte Ziele für den Planungszeitraum vorgeben und einen detaillierten Aktionsplan erstellen, der alle während des Planungszeitraums erforderlichen Aktionen definiert. Letzteres ist wichtig, um die Bereitstellung der für die Umsetzungsphase notwendigen Ressourcen zu gewährleisten.

Der Aktionsplan setzt sich folglich aus zwei Komponenten zusammen. Die erste Komponente umfasst „obligatorische" Aktionen, die bei allen Accounts mit derselben Account-Strategie ausgeführt werden. Der Angebotsentwurf und der Beziehungsprozessentwurf definieren diese Aktionen. Die zweite Komponente des Aktionsplans wird durch die individuelle Account-Analyse bestimmt und kann Aktionen umfassen, die auf Co-Entwicklung, Aufbau von Bindungen und Opportunity Management abzielen.

Das SAM-Programm sollte die Tools für den Account-Planungsprozess zur Verfügung stellen. Eine Account-Plan-Vorlage kann die Ermittlung von Geschäftschancen in Kundenbeziehungen vereinfachen. Aus Sicht des Opportunity Management können die in Abbildung 13 aufgeführten Aspekte bei den Account-Plänen behilflich sein. All diese Punkte sollten bei komplexen oder wichtigen Beziehungen (zum Beispiel bei Kunden-Partner-Beziehungen) erwogen werden.

Ein wichtiger Teil des Account-Planungsprozesses ist die Ermittlung von Geschäftschancen, bei der der Account Manager oder das für die Kundenbeziehung verantwortliche Team neu aufkommende Geschäftschancen analysieren und identifizieren. Die Ermittlung von Geschäftschancen ist ein kreativer Prozess, der nicht gehemmt werden sollte durch ausgedehnte numerische oder sonstige Analysemethoden. Die Tools zur Ermittlung von Geschäftschancen sollten hauptsächlich zur Erleichterung des kreativen Prozesses im Account-Planungsprozess eingesetzt werden.

Einleitung	**Ermittlung von Geschäftschancen**
→ Beschreibung des strategischen Account-Unternehmens → Geschäftsumfeld → Technisches Umfeld	**Ziele in der strategischen Account-Beziehung** → operativ → monetär
Operatives Modell für die strategische Account-Beziehung → Beziehungsprozess → Angebot	**Kontaktmatrix**
	Allgemeine Account-Management-Aktionen
Analyse der strategischen Account-Beziehung → Kundenprozess → Beziehungswert → Zukünftiges Geschäftspotenzial	**Kundenspezifische Account-Management-Aktionen**
	Anhang → Organisationscharts → Jahresbericht des Kunden
Ressourcenverteilung und Verantwortlichkeiten → Account Manager → Account Team	

Abbildung 13: Beispiel für eine Account-Plan-Vorlage

Ein einfaches Tool zur Ermittlung von Geschäftschancen (Teil der Account-Plan-Vorlage) wird zusammen mit einigen Beispielen in Abbildung 14 beschrieben.

Strategische Account-Beziehungsprozesse	Probleme	Geschäftschancen
1. Strategisches Management	● Die Manager des Kundenunternehmens weigern sich, das Outsourcing der für das Kerngeschäft unerheblichen Aktivitäten in Betracht zu ziehen	● Der Wert des Outsourcing-Potenzials ist quantifizierbar und offensichtlich
2. Geschäftsentwicklung	● Der Kunde ist nicht willens, an gemeinsamen Entwicklungsprojekten teilzunehmen	● Dem Kunden fehlen einige wichtige Kernkompetenzen, über die der Anbieter verfügt
3. Analyse und Auswahl	● Der Kunde hat noch andere „bevorzugte" Lieferanten	● Der Kunde hat seine Aktivitäten zentralisiert und seine Absicht angedeutet, auch das Zulieferermanagement zu zentralisieren
4. Einkauf	● Der Kunde konzentriert sich auf Produktspezifikationen und Preis	● Die kundenseitige Zentralisierung des Zulieferermanagements bietet das Potenzial für eine breite Bündelung von Produkten, Serviceleistungen und Angebotsspezifikationen
5. Hauptgeschäftsaktivitäten	● Der Kunde wird zum Global Player und es gibt Probleme auf Grund uneinheitlicher Produktlieferungen und Serviceleistungen in den unterschiedlichen regionalen Einheiten	● Die Zentrale/Geschäftsführung des Kunden kennt die Situation in den verschiedenen regionalen Einheiten nicht immer und hat Probleme bei der Koordinierung der globalen Aktivitäten
6. Follow-up	● Im letzten Quartal ist die Zahl der Reklamationen gestiegen	● Der Kunde hat ein Projekt zur Entwicklung akzeptabler Normen für das Serviceniveau initiiert
Ziel 1:	Durchdringung des Kundengeschäfts durch einen Outsourcing-Vertrag, zumindest bei einigen Einheiten.	
Ziel 2:	Entwicklung zu einem anerkannten globalen Zulieferer, der die Lage des Kunden versteht, manchmal sogar besser als der Kunde selbst.	
Ziel 3:	Erweiterung der Kundenkenntnisse, um den Wert des eigenen Angebots für den Kunden zu verstehen und die Rentabilität der Kundenbeziehung durch eine wertbezogene Preisgebung zu verbessern.	

Abbildung 14: Tool zur Geschäftschancenermittlung

Mithilfe dieses Tools können die für die strategischen Accounts verantwortlichen Mitarbeiter in den verschiedenen Phasen der Kundenbeziehungsprozesse Geschäftschancen systematisch ermitteln und realisierbare Ziele innerhalb einer strategischen Account-Beziehung festlegen. Es reicht jedoch nicht aus, die Übung rein „mechanisch" auszuführen. Man muss die unterstützende Wirkung dieses Tools verstehen: Der Hauptnutzen seines Einsatzes besteht in der Strukturierung der Diskussionen im Team und in der direkten Verbindung, die es zu Account-Strategien und Beziehungsprozessen bietet.

Diesem Tool zur Ermittlung von Geschäftschancen liegt die Idee zu Grunde, den aktuellen Beziehungsprozess mithilfe des in Kapitel 2 vorgestellten Zippers in einem kundenspezifischen Kontext phasenweise zu analysieren. Die in den Beziehungsprozessen aufgezeigten Probleme oder Schwierigkeiten sind oft ein Spiegelbild der in dieser Beziehung vorhanden Geschäftschancen. Die Probleme des Kunden in neue Geschäftsmöglichkeiten umzuwandeln, ist einer der Hauptbestandteile bei der Ermittlung von Geschäftschancen. Die so ermittelten Geschäftschancen müssen in Ziele umformuliert werden, die dann während der Planungsperiode die Beziehungsaktivitäten leiten.

Die auf diese Weise identifizierten Ziele schaffen eine Grundlage für die Planung von Aktionen. Ziele müssen in operative, gemeinsam mit dem Kunden auszuführende Aktionen heruntergebrochen werden. Um die Umsetzung des Aktionsplans zu erleichtern, kann begleitend eine zusätzliche Kontaktmatrix mit allen Kundenkontakten eingesetzt werden. Ein Beispiel für eine solche Kontaktmatrix wird in Abbildung 15 dargestellt.

> *Sie sollten einen ein oder zwei Seiten langen Plan (je kürzer desto besser) haben, in dem grob umrissen wird, welche Art von Kontakten Sie mit dem Unternehmen unterhalten, zu wem Sie eine Beziehung aufbauen und welche Produkte Sie verkaufen möchten. Der Plan sollte zudem sehr flexibel sein. Er sollte eine kontinuierliche Prognose sein, die vierteljährlich verändert werden kann.*

Hersteller von Bürobedarfsartikeln

	Name	Einheit	Verbindung zum operativen Ziel	Position				Vorhe- riger Kontakt	Nächs- ter Kontakt
				Entscheidungsträger	Meinungsmacher	Andere			
Account Manager:									
AT-Mitglied:									
AT-Mitglied:									
AMT-Mitglied:									
Leitender Mitarbeiter:									

Abbildung 15: Kontaktmatrix

Die Kontaktmatrix listet für jede der SAM-Rollen alle Kundenkontakte auf. Sie enthält somit Informationen zu Name und Abteilung der Kontaktperson, zu ihrer Position im Entscheidungsfindungsprozess und die Daten der vorausgegangenen und der nächsten Kontakte. Die Matrix sollte auch einen Verweis auf die festgelegten Ziele enthalten, damit nach der Ermittlung der Kontaktperson und der Vereinbarung eines Termins für das nächste Meeting auch eine Verbindung zum Ziel hergestellt werden kann.

Die Kontaktmatrix ist auch für die Ressourcenverteilung wichtig. Durch die Analyse aller im Aktionsplan vorgesehenen Kontakte ist es möglich,

- die für die Umsetzung des Aktionsplans benötigten Ressourcen zu bestimmen,

- das Arbeitspensum der verschiedenen Rolleninhaber (Account Manager, Vertriebsleiter usw.) zu analysieren,

- Ressourcen umzuschichten oder den Aktionsplan in Anpassung an die vorhandenen Ressourcen zu ändern.

Neben seiner Verwendung beim Opportunity Management bildet der Account-Planungsprozess auch die Grundlage für das interne Follow-up und Management geplanter Aktionen. Auf Ebene des SAM-Programm-Managements besteht Bedarf an einem Follow-up-System zur Überprüfung des Account-Plans und der Aktionen. Nach der Absichtserklärung und der Festlegung von Aktionen für jeden strategischen Account kann ein Follow-up-System eingeführt werden. Das Follow-up-System gewährleistet, dass die geplanten Aktionen auch tatsächlich durchgeführt werden. Das System sollte in der Lage sein, die Aktionen einzelner Account Manager und ihrer Teams, accountspezifische Aktionen und accountstrategiespezifische Aktionen (obligatorische Account-Manager-Aktionen) zu verfolgen. Die Account-Planung ist folglich für das Topmanagement und das Account-Management-Team ein wichtiges Instrument, um aktuellste Informationen über strategische Accounts zu erhalten. Das Follow-up-System sollte sich beim Management strategischer Accounts auf die Qualität und Arbeitseffektivität konzentrieren. Das mit diesen Zielen verbundene Follow-up geht der Frage nach, wie der Wert und die Nachhaltigkeit von Kundenbeziehungen mittels SAM entwickelt werden.

Opportunity Management in Kundenbeziehungen

Da es beim Opportunity Management um die Analyse des aktuellen Status, die Ermittlung von Verbesserungsmöglichkeiten und den Umgang mit unvorhergesehenen Problemen in den existierenden Kundenbeziehungen geht, ist die Frage nach dem Grad der Einbeziehung des Kunden in den Account-Planungsprozess von größter Bedeutung. Kunden wissen möglicherweise nichts über die aktuellen Produktentwicklungen und Serviceangebote des Dienstleisters, sind aber Experten, wenn es um die Probleme und Sorgen geht, die bei ihren eigenen Geschäftsprozessen auftreten. Diese Tatsache sollte im Account-Planungsprozess voll und ganz genutzt werden.

Suche nach Geschäftschancen mit dem Kunden

SAM erfordert ein langfristiges Engagement und eine Win-win-Beziehung. Wie bereits im Zipper in Kapitel 2 verdeutlicht, funktioniert eine Beziehung deutlich besser, wenn die Prozesse von Kunde und Dienstleister integriert werden. Viele der im Account-Plan definierten Aktionen sind auf die Mitwirkung der Kunden angewiesen. Daher versteht es sich von selbst, dass es umso notwendiger wird, den Kunden mit einzubeziehen, je komplexer die Account-Strategie ist, je stärker die erforderliche Ressourcenteilung ausfällt und je integraler die Rolle des Dienstleisters im Kundenprozess ist.

> *Der Account-Plan wird gemeinsam mit dem Kunden entwickelt. Das setzt den Kunden bis zu einem gewissen Grad unter Druck, denn er muss bereit sein, Zeit und Energie in die Planung zu investieren. Er muss an Sicherheit, Produktivität und Zuverlässigkeit Interesse haben, damit es funktioniert.*

Hersteller industrieller Sicherheitssysteme

In einigen Fällen können die Kunden bereits in den Account-Planungsprozess mit einbezogen werden. Es kann sich auch als besonders nützlich erweisen, die Kunden in der Zielsetzungsphase mit ins Boot zu holen. Um realistische Ziele entwickeln zu können, sollte der Account seine zukünftigen Ziele offen legen. Nur wenn der Dienstleister die Ziele und Strategien der Kundenorganisation versteht, kann er abschätzen, ob die durch den Planungsprozess vorgegebenen Ziele für den Kunden tatsächlich relevant sind. Ferner spornt die Einbeziehung des Kunden in den Zielsetzungsprozess diesen an, die vereinbarten Ziele auch umzusetzen.

Die Zukunft des Kundengeschäfts zu verstehen, ist ebenfalls von grundlegender Bedeutung für den Opportunity-Managementprozess, denn Geschäftschancen können nur dann entdeckt werden, wenn man begreift, wie der Kunde seine Prozesse in Zukunft zu entwickeln beabsichtigt. Allerdings ist dies nur in Beziehungen mit komplexen Angeboten angebracht. Das folgende Beispiel zeigt, welchen Beitrag Kunden zum Account-Planungsprozess leisten können und wie die Mitwirkung des Kunden als wichtigster Input für das Opportunity Management genutzt werden kann.

Ein Hersteller industrieller Sicherheitssysteme hatte Schwierigkeiten auf Grund uneinheitlicher Produktleistungen. Das Unternehmen, dessen Ziel es war, die Sicherheit und Produktivität seiner Kunden zuverlässig zu verbessern, verkaufte seine Produkte über verschiedene Absatzorganisationen. So hatte es unterschiedliche Vertretungen in den verschiedenen Regionen, woraus sich zahlreiche Divergenzen bei Preisgebung, Serviceniveau und sogar bei den Produkten selbst ergaben. Hinzu kam, dass Großkunden nicht die Aufmerksamkeit und den Service erhielten, den das Unternehmen eigentlich für angemessen erachtete.

Um diese Probleme zu lösen, beschloss das Unternehmen, ein **nationales Account-Management-Programm** ins Leben zu rufen. Ziel dieses Programms, das den Einsatz aller Unternehmenskräfte erforderte, war die landesweite Vereinheitlichung der Produkte und ein einheitliches Auftreten gegenüber den größeren Kunden.

Das Hauptanliegen des nationalen Account-Management-Programms war, den Kunden nicht nur den üblichen Kaufvertrag anzubieten, sondern einen Vertrag mit Mehrwert-Leistungen. Ein für die National Accounts zusammengestellter Ordner bildete die Grundlage des Programms. Dieser Ordner wurde, obwohl er auf einer standardisierten Liste von Mehrwert-Leistungen beruhte, auf die individuellen Bedürfnisse jedes Kunden zugeschnitten. Er enthielt den Kundenvertrag, Informationen über die in der Beziehung zu übernehmenden Verantwortlichkeiten und einen zusammen mit dem Kunden entwickelten Account-Plan.

Integraler Bestandteil des Programms war eine **umfassende, in den kundeneigenen Verladezentren durchgeführte Studie**, die das Unternehmen unentgeltlich vor Ort durchführte. Die Studie beinhaltete die Erstellung einer Inventarliste, die Untersuchung aller Gerätschaften im Verladezentrum des Kunden und die Abgabe von Empfehlungen für die Reparatur bzw. den Austausch defekter Geräte.

Die Studie bildete den Ausgangspunkt für die Zusammenarbeit. Somit lässt sie sich als Opportunity-Management-System einstufen, welches dem Anbieter von Sicherheitssystemen ermöglicht, die zukünftigen Kaufentscheidungen seiner Kunden zu beeinflussen. Die Studie versetzte das Unternehmen in die Lage, potenzielle Einnahmen zu prognostizieren, und vereinfachte die Finanzplanung. Auch den Betriebsleitern auf Kundenseite war die Studie ein hilfreiches Instrument, indem sie die Finanzplanung der Wiederbeschaffungsmaßnahmen erlaubte.

Zusätzlich zu dieser Studie organisierte der Dienstleister für die nationalen Accounts Seminare zur Verbesserung der Arbeitsplatzsicherheit und Planung der Verladezentren. Als weitere vertrauensbildende Maßnahme – Vertrauen spielt bei der Entwicklung von Partnerschaften ja eine wesentliches Rolle – gründete der Dienstleister an seinem Hauptsitz ein Informationszentrum, in dem die Kunden sich über die Produkte des Unternehmens informieren und sie mit denen der Konkurrenz vergleichen können. Ferner bietet Industrial Safety Systems den Kunden auch günstige Wartungsverträge für ihre Anlagen an.

Dieses nationale Account-Programm eröffnet den Zugang zu den lokalen Anlagen und bildet eine Plattform für die lokalen Verkaufsbemühungen des Dienstleisters. Ebenso verstärkt das Programm die Kommunikation zwischen allen Beteiligten. Ein derartiges Opportunity Management hilft sowohl den Kunden als auch dem Dienstleister, den Austausch und die Reparatur von Geräten im Voraus zu planen und zu budgetieren. All diese Komponenten stärken das Vertrauen zwischen dem Unternehmen und den Kunden und erleichtern somit den Aufbau von erfolgreichen Beziehungen.

Quelle: Interview

Da die endgültige Entscheidung über den Erwerb und die Nutzung von Produkten beim Kunden liegt, kann er auch zur Validierung der Beziehungsentwicklungspläne und zur Bewertung der Attraktivität und Umsetzbarkeit des ausgearbeiteten Plans mit herangezogen werden. Unabhängig vom Grad seiner Mitwirkung beim Planungsprozess wird der Account gezwungen sein, an der Terminplanung von Aktionen und Kontakten teilzunehmen. Eine erfolgreiche Planung hängt schließlich von der Akzeptanz der Planziele durch den Kunden ab.

Ein Teil der Metrik zur Bewertung der Umsetzung des Account-Plans erfordert die Beteiligung des Kunden. Der Kunde muss über den wahrgenommenen Wert und die wahrgenommene Qualität der Beziehung Feedback geben. Der folgende Fall von Mobil Oil liefert ein interessantes Beispiel dafür, wie sich Beziehungen bewerten lassen und wie Kunden in die Entwicklung der Beziehungsmetrik und die Bewertung der Beziehung mit einbezogen werden können.

Mobil Oil ist mit einem operativen Geschäft in mehr als 125 Ländern eines der weltweit führenden Unternehmen der Energiebranche. Der Tätigkeitsbereich von Mobil umfasst ein breites Spektrum energiebezogener Geschäfte, wie zum Beispiel Ölsuche, Produktion, Raffination, Vermarktung, Handel, unabhängige Energieprojekte, Flüssigerdgas und Chemikalien.

Anfang der 90er Jahre entwickelten Robert Kaplan (Professor an der Harvard Business School) und Dave Norton (Vorsitzender der Renaissance Solutions Inc.) ein „Balanced Scorecard" genanntes Managementkonzept. Mobil Oil gehörte zu den ersten großen Unternehmen, die nach dieser Methode arbeiteten. Obwohl das Konzept zuerst nur intern Verwendung fand, bestand von Anfang an die Absicht, es auch bei den Kunden von Mobil Oil einzusetzen.

Die Gelegenheit zum Einsatz der **Balanced Scorecard im Bereich des Kundenbeziehungsmanagements** ergab sich 1996, als Mobil Oil einen beträchtlichen Geschäftsumfang von einem seiner Mitbewerber übernahm. Zunächst wurde ein Team gebildet und mit der Ausarbeitung eines Umsetzungsplans sowie der Erstellung einer Balanced Scorecard zur Messung des Forschritts bei den Kundenbeziehungen beauftragt. Nachdem die Kunden und Kaufinteressenten in der Verwendung der Balanced Scorecard ausgebildet worden waren – eine enorme Anstrengung, an der mehr als 500 Personen beteiligt waren – wurde den Kunden das Konzept zur Verfügung gestellt.

Die Balanced Scorecard unterstützt Mobil Oil dabei, die Erwartungen der Kunden zu erkennen und zu erfüllen, und ermöglicht zugleich den Kunden einzuschätzen, ob die Leistungen von Mobil Oil mit den vereinbarten Verpflichtungen übereinstimmen.

Die praktische Umsetzung des Konzepts erfolgte durch die Gründung von Teams, so genannter „virtueller Unternehmen", die sich aus dem Vertriebspersonal von Mobil Oil und ausgewählten Vertretern der Kundenseite zusammensetzen. Diese Teams arbeiten zusammen, um die Beziehungen zwischen den Kunden und Mobil Oil zu stärken und stellen ihre Kooperation auch nach dem Abschluss der Projekte nicht ein. Jedes Jahr grenzt das Team seine Ziele, Erfolgsbedingungen und Maßnahmen zur Leistungsbewertung noch detaillierter ein, um sicherzustellen, dass seine Anstrengungen mit den Gesamtzielen übereinstimmen. Das Team trifft sich vierteljährlich, um Mobil Oil zu bewerten und Punkte für die Fähigkeit zu verteilen, gute Produkte und Dienstleistungen anzubieten und die geltenden Vertragsverpflichtungen zu erfüllen.

Diese Art der Zusammenarbeit und gemeinsamen Planung führte zu einer wahren Partnerschaft: die Teamatmosphäre wirkt sich auf die Arbeit der einzelnen Teammitglieder aus und umgekehrt. Ein Teil der Vergütung jedes Teammitglieds ist an die Leistungsbewertung in der Balanced Scorecard geknüpft. Die Arbeit des „virtuellen Unternehmens" dient auch als Grundlage für die zukünftige Zusammenarbeit: ein Vertrag zur Regelung der Teamarbeit bei zukünftigen Projekten besteht bereits.

Der Einsatz der Balanced Scorecard durch Mobil Oil ist ein ganzheitlicher Ansatz für das Management strategischer Kundenpartnerschaften. Die Balanced Scorecard und die „virtuellen Unternehmen" ermöglichen es Mobil Oil und seinen Kunden, für beide Seiten annehmbare Ziele bereits im Voraus zu definieren. Die Balanced Scorecard belegt durch ihre vierteljährlichen Bewertungen auch die Fortschritte bei der Erreichung dieser Ziele. Diese Methode dient beiden Seiten zum Nachweis ihrer Leistungen und ist flexibel genug, um jeweils aktuelle Marktveränderungen zu berücksichtigen. Und was nicht weniger wichtig ist: die Idee ist auf Grund ihrer Einfachheit eine elegante Lösung!

Quelle: Nama

Es gibt noch eine Reihe weiterer Methoden, um strategische Accounts an der Ermittlung von Geschäftschancen und der Weiterentwicklung der Beziehung zu beteiligen. Das im Folgenden beschriebene Tool zur Überprüfung der Schlüsselkunden ist ein Beispiel dafür, wie man die Kundenbeziehungen auf allen Ebenen bewerten kann, indem man beide Seiten in den Prozess mit einbezieht.

Fallbeispiel (• Überprüfung von Schlüsselkunden bei R Cubed)

Die Überprüfung von Schlüsselkunden ist ein Tool, das von R Cubed Ltd., Neuseeland, für beide Partner – Lieferant und Kunde – zur hierarchieübergreifenden Bewertung ihrer Beziehungen entwickelt wurde. Es ist insofern einzigartig, als es beide Seiten berücksichtigt und die Möglichkeit einer kritischen Bewertung der Beziehung und des Inputs beider Seiten bietet. Da an der Überprüfung mehrere Mitarbeiter aus beiden Unternehmen teilnehmen und diese sich hierfür Zeit nehmen müssen, ist das Tool für strategische Account-Beziehungen gut geeignet.

Die Überprüfung erfolgt durch einen einfachen Fragebogen. Sie umfasst alle Interaktionsebenen zwischen den beiden Unternehmen, weshalb es wichtig ist, dass Mitarbeiter aus allen Unternehmensebenen in den Bewertungsprozess mit einbezogen werden. Alle Beteiligten füllen einen ähnlichen Fragebogen aus. Der Fragebogen besteht aus drei Teilen, in denen die Beteiligten aufgefordert werden, ihre Antworten abzugeben und ihre objektive Meinung hinsichtlich folgender Punkte zu äußern:

- **Leistung des Lieferanten.** Fragen zur Leistung des Lieferanten bezüglich der Produktqualität, Servicequalität, Preisgebung usw.

- **Leistung des Kunden.** Fragen zur Leistung des Kunden bei der Teilung der Verantwortung mit dem Dienstleister bezüglich der Lieferung eines Qualitätsprodukts, Bereitstellung hochwertiger Serviceleistungen, akzeptabler Preise usw.

- **Beziehung als Ganzes.** Nennung besonders positiver Aspekte, von Verbesserungsmöglichkeiten, von Vorschlägen für Aktionen zur Verbesserung der Beziehung usw.

Nachdem beide Seiten den Fragebogen ausgefüllt haben, werden die Antworten während einer gemeinsamen Arbeitssitzung, an der Mitarbeiter aller Ebenen der beiden Unternehmen teilnehmen, ausgewertet. Im Laufe der Sitzung werden alle Antworten miteinander verglichen und besprochen. Beide Seiten erhalten die Möglichkeit, Kommentare und Feedback zu äußern bzw. zu erhalten. Ziel der Arbeitssitzung ist es, neue Erkenntnisse zu gewinnen und konkrete Maßnahmen zu ergreifen. Diese Art von Begegnung hat zwei Funktionen: die Ergebnisse und eventuell daraus resultierende Handlungen zu besprechen sowie die persönlichen Kontakte zwischen den beiden Unternehmen auszubauen und zu stärken.

Dieser Ansatz, der Mitarbeiter aus allen Unternehmensebenen und die Meinungen aus allen Treffen der beiden Unternehmen umfasst, hat sich als sehr erfolgreich erwiesen, da er alle Dimensionen einbezieht. Er fördert auch den Aufbau einer Beziehung, da alle Prozesse in den beiden Unternehmen Beachtung finden. Das Ergebnis der Überprüfung ist eine Liste spezifischer Aktionen auf verschiedenen Unternehmensebenen und in unterschiedlichen Unternehmensbereichen. Um eine kontinuierliche Verbesserung und Bewertung der strategischen Account-Beziehung zu erreichen, wird die Überprüfung ein- bis zweimal jährlich durchgeführt.

Quelle: Interview und Material von R Cubed Ltd.

Auffinden von Geschäftschancen

Das oberste Ziel des Opportunity Managements ist die Erhöhung der Erträge und des Umsatzanteils der einzelnen Kunden. Da die Account-Planung zur langfristigen Ermittlung von Geschäftschancen in der Entwicklung von Kundenbeziehungen beiträgt, ist auch ein kontinuierlicher Prozess erforderlich, mit dem man potenzielle Geschäftschancen zunächst ermitteln und dann auf sie reagieren kann. Der Prozess zur Ermittlung neuer Geschäftschancen muss einen systematischen Ansatz zur Erfassung von Kundenanfragen oder anderer möglicherweise auftretender Absatzchancen enthalten. Dabei muss der Prozess auch die unterschiedlichen Kundenkontaktkanäle berücksichtigen, zwischen denen der Kunde prinzipiell wählen kann.

Kundenanfragen können auf im Account-Plan ermittelte Aktionen folgen. Derartige Aktionen beinhalten auch persönliche Treffen mit Vertretern der Kundenseite. Diese Aktionen werden in der Kontaktmatrix des Account-Plans beschrieben und dürften die Hauptquelle für potenzielle Geschäftschancen sein. Hinzu kommen alle in der Kommunikationsstrategie identifizierten Marketingaktivitäten, wie zum Beispiel Werbung, Direct Mailings, Events oder Websitebesuche. Manchmal bedingt die Situation des Kunden die erste Interaktion und der Ursprung kann nicht ermittelt werden. Der Fall von High Test Safety Shoes ist ein interessantes Beispiel dafür, wie ein Problem auf Kundenseite als immense Geschäftschance erkannt wurde und sich später als sehr lukrative Einnahmequelle erwies.

Fallbeispiel (● **High Test Safety Shoes**)

High Test Safety Shoes (HTSS) stand bei Boeing, dem weltweit größten Luftfahrtunternehmen, auf einer Liste mit Lieferanten von Sicherheitsschuhen nur an siebter Stelle. Umgekehrt war Boeing jedoch der größte Account von HTSS.

Alle sechs bis acht Wochen fiel ein Arbeiter bei Reparaturen von einem Flugzeug. Dadurch entstand Boeing jedes Jahr ein Schaden in Millionenhöhe in Form von Entschädigungszahlungen, Berufsunfähigkeitsrenten, Produktivitätsausfall, Verwaltungskosten usw.

Boeing setzte sich mit sieben Herstellern von Sicherheitsschuhen in Verbindung und bat um Hilfe bei der Lösung des Problems. Nach ausgedehnten Nachforschungen kamen alle Hersteller zum Schluss, dass die Arbeiter unabhängig von der Art der verwendeten Schuhe überwiegend von bestimmten Stellen des Flugzeugs herunterfallen würden.

Sechs andere Hersteller teilten Boeing mit, man könne nichts dagegen tun. Der für Boeing zuständige Account Manager von HTSS hingegen wertete **die Situation als Geschäftschance:** Er drehte ein Schulungsvideo, in dem die besonderen Gefahrenstellen auf den Flugzeugen gezeigt wurden, und fertigte den Prototyp eines unter dem Flugzeug aufzuspannenden Auffangnetzes an. Das war zwar keine endgültige Lösung, verhalf aber Boeing zu einem 50-prozentigen Rückgang der Unfallhäufigkeit. Durch die Sicherheitsvorkehrungen von HTSS konnte Boeing etwa die Hälfte der schweren Verletzungen vermeiden und erreichte dadurch Einsparungen im Wert von mehreren Millionen Dollar pro Jahr.

Auf Grund dieses Opportunity-Management-Ansatzes stieg HTSS in der Zuliefererliste vom siebten auf den ersten Platz auf, steigerte den Gewinn von 3,2 Millionen Euro auf 17 Millionen Euro pro Jahr und schloss einen dreijährigen Alleinabnehmervertrag mit Boeing.

Quelle: High Test Safety Shoes

Dieses Beispiel zeigt besonders deutlich, dass jemand, das heißt eine ganz konkrete Person, die Verantwortung für die ermittelte Geschäftschance haben muss, damit sie auch genutzt wird. Der erste Schritt beim Umgang mit Geschäftschancen ist daher, einen Hauptverantwortlichen für eine bestimmte Geschäftschance zu finden. Führt dieser die für eine Umwandlung der Geschäftschance in Verkäufe notwendigen Aktionen nicht aus oder erkennt er die Verantwortung dafür nicht an, muss die Geschäftschance einem neuen Hauptverantwortlichen zugesprochen und der Kunde informiert werden.

Die meisten Kundenanfragen werden nicht als Geschäftschancen erkannt und noch weniger in Umsatz usw. verwandelt. Kunden kontaktieren Firmen, um ein Lieferdatum zu überprüfen, sich für eine Kundenveranstaltung anzumelden oder zusätzliche Informationen zu einer bereits installierten Lösung zu erbitten. All diese Anfragen sollten außerhalb des SAM-Prozesses zur Ermittlung von Geschäftschancen mithilfe der Standardbetriebsverfahren („Standard Operating Procedures", SOPs) des Unternehmens bearbeitet werden. Geschäftschancen, die das Potenzial zu einem Verkaufsabschluss haben, müssen schließlich anhand von Auswahlkriterien validiert werden, die bei der Ermittlung sowohl der dringlichsten als auch der potenziellen Geschäftschancen hilfreich sind. Derartige Kriterien beinhalten eine Analyse des Lösungsdesigns: Handelt es sich um eine Chance, die unser Unternehmen auch ergreifen wird? Ist der Kunde in der Lage, die dafür erforderliche Investition zu tätigen? Verfügen wir über die geeigneten Ressourcen?

Zur Auswahl des richtigen Kanals müssen Geschäftsregeln aufgestellt werden. Einige Unternehmen benutzen für verschiedene Produkte unterschiedliche Kanäle. Auch die Größe der Opportunity kann die Auswahl des richtigen Kanals in einem Mehr-Kanal-Umfeld bestimmen. Die Kapazität der Kanäle muss überprüft werden, bevor eine Geschäftschance zugewiesen wird. Komplexere Geschäftschancen, die eine Systemintegration erfordern und Servicekomponenten umfassen, müssen an einen Face-to-Face-Kanal weitergeleitet werden. Diese Chancen sind in der Regel von hohem Wert und ein integraler Bestandteil des Kundengeschäfts. Ist der Serviceinhalt gering oder nicht vorhanden und sind die Kunden mit der zu erwerbenden Lösung bzw. dem zu erwerbenden Produkt vertraut, ist ein Vertriebsagent mithilfe geeigneter Systeme auch ohne persönlichen Kontakt in der Lage, die Geschäftschance wahrzunehmen. Das Opportunity Management sollte auch Aktionen umfassen, die das Geschäft ausgewählter Geschäftspartner, einschließlich Händler und Wiederverkäufer, fördern. Auf diese Art müssen Partner keine Unsummen in Marketingkommunikation und Nachfrageerzeugung investieren. Chancen an Geschäftspartner weiterzugeben, beinhaltet auch Risiken. Allerdings beziehen einige Geschäftspartner anwendbare Lösungen gleich von mehreren Verkäufern und ihre Loyalität ist nicht immer gesichert.

Kontaktmanagement

Bei allen Geschäften ist die Umsetzung von Plänen der Schlüssel zum Erfolg, gleichzeitig aber auch der schwierigste Teil des Geschäftsprozesses. Da sich Kontakte gleich aus mehreren Prozessen des Dienstleisters ergeben, wird ihre Koordination immer wichtiger. Im Folgenden werden zwei bedeutende Aspekte des Kontaktmanagements, nämlich die Vermittlung der in Kundenbeziehungen erreichten Wertsteigerung und die effektive Kommunikation bei Kundenkontakten, behandelt.

Quantifizierung der Wertsteigerung

Um dem Kunden die erreichte Wertsteigerung zu verdeutlichen, muss der Dienstleister ein Modell zur Quantifizierung des Beziehungswerts aufbauen, das den Kundenprozess beschreibt und Bereiche aufzeigt, in denen das Angebot des Dienstleisters eine für den Kunden messbare Wirkung hat. Zum Aufbau dieses Modells müssen Dienstleister und Kunde einen Prozess durchlaufen, der aus den folgenden Stufen besteht:

● Wertelemente erkennen,
● Daten aus dem Kundenprozess gewinnen,
● den Wert berechnen und validieren,
● den Wert vermitteln: der Wertbericht.

Wertelemente umfassen alles, was die Angebotskosten und -benefits im Kundenprozess betrifft. Diese Elemente können technischer, wirtschaftlicher, servicebezogener oder sozialer Natur sein und darüber hinaus in ihrer konkreten Fassbarkeit variieren. Es ist die Aufgabe des Dienstleisters, die Wertelemente zu benennen und sie fass- und messbar zu machen. Die Merkmale des Lieferantenangebots müssen in Benefits umgewandelt werden, die sich aus dem Einsatz des Angebots und aus der Zusammenarbeit innerhalb der strategischen Account-Beziehung ergeben. Diese messbaren Benefits können zum Beispiel Kostenersparnisse auf Grund vertraglich vereinbarter Preisnachlässe, durch schnellere Prozesse eingesparte Arbeitszeit (Durchschnittslohn mal eingesparte Zeit) oder verbesserte Prozesse (Kostenersparnis pro Aktion mal Anzahl Aktionen, Durchschnittslohn mal eingesparte Zeit pro Aktion mal Anzahl Aktionen) sein. Man muss den Kunden dabei helfen, diese höherrangigen Benefits zu erkennen und vor allem ihre Quantifizierung für wertvoll zu erachten.

Nach der Ermittlung der Bereiche für die Wertsteigerung und der finanziell berechenbaren Elemente kann der Dienstleister zu einer Schätzung des Werts des von ihm erbrachten Angebots übergehen. Dazu benötigt er Schätzungen, aus denen hervorgeht „wie oft jedes Element auftritt", „welches die alternativen Aktivitäten dazu wären", „wie hoch die Aktivitätskosten sind" usw. Manchmal wird es dafür sogar erforderlich, dass der Dienstleister hierzu einige Mitglieder des Account Teams für ein oder zwei Wochen in Schlüsselbereichen des Kundenunternehmens unterbringt. Häufig glaubt der Kunde, nicht über die notwendigen Informationen zu verfügen, da zum Beispiel die erforderlichen Daten in vielen verschiedenen Unternehmensdatenbanken in verstreuter Form gespeichert sind. Es kann sein, dass einige Informationen vielleicht sogar mithilfe von Fokusgruppen oder externen Branchenexperten bzw. mithilfe von Prozess-Stichproben gewonnen werden müssen. Die erhobenen Daten müssen nicht unbedingt 100-prozentig korrekt sein – in der Regel werden auch einige Schätzungen abgegeben oder Annahmen. Allerdings muss der Lieferant in diesem Falle bei der Präsentation der Ergebnisse sehr explizit auf diese Schätzungen bzw. Annahmen hinweisen.

Auf der Grundlage dieser Daten kann der Anbieter ein erstes Wertmodell aufbauen, das vom Account bzw. anderen Kunden in dieser Branche validiert werden muss. Die Validierung ist wichtig, um sich die Akzeptanz des Accounts zu sichern. Auch hilft die Validierung dem Account, ein Verständnis für alle Werteelemente zu entwickeln, und schafft eine einheitliche Gesprächsgrundlage für weitere Diskussionen über die Neugestaltung des Beziehungsprozesses. Hat ein Lieferant mehrere Kunden aus derselben Branche (oder gleichen sich die Kundenprozesse sehr), kann er das Wertmodell auch in anderen Beziehungen als Referenz- und Diskussionsgrundlage nutzen.

Oft besteht das Problem nicht so sehr darin, in einer Beziehung Wert zu generieren, sondern vielmehr darin, die Wertschätzung des Kunden für den generierten Wert zu erlangen. Folglich spielt bei der Wertquantifizierung auch Kommunikation eine wichtige Rolle. Wie im Zipper in Kapitel 2 gezeigt, besteht eine Beziehung aus einer Reihe von Kontakten („Momente der Wahrheit"), die entweder vom Kunden oder vom Dienstleister initiiert wurden. Diese Kontakte erfolgen in Form von Kundenanrufen, Briefen an den Account, Rechnungen, Prospekten, Seminaren, Managementsitzungen, Verhandlungen, Anlagenbesichtigungen, Follow-up-Treffen, Reklamationen usw.

Damit der Account die Beziehung für wertvoll erachtet, sollte der Dienstleister Wert generieren und den von ihm erbrachten Wert auch an allen Kontaktpunkten vermitteln. Die Frage, die sich der Dienstleister in diesem Zusammenhang stellen sollte, lautet: „Wie kann ich den von mir erbrachten Wert dokumentieren?" Dies kann auf unterschiedliche Art und Weise geschehen. Einige Unternehmen haben, wie zum Beispiel aus dem folgenden Fallbeispiel ersichtlich, Softwareprogramme entwickelt, um den von ihnen erbrachten Wert messbar zu machen. Andere haben ein Standardbetriebsverfahren entwickelt, das dem Kunden die Beziehungserfolge mithilfe eines jährlich oder vierteljährlich verfassten Wertberichtes näher bringt. Unabhängig von der Art des eingesetzten Mediums muss die Quantifizierung alle möglichen Wertelemente und deren ertragssteigernde oder kostensenkende Wirkung berücksichtigen. Auch die vom Kunden getätigten Investitionen in die Beziehung müssen bei der Berechnung mit einbezogen werden. Dies gilt in besonderem Maße für Kunden-Partner-Beziehungen und strategische Account-Beziehungen, da diese vom Account großes Engagement und hohe Investitionen in den Aufbau der Beziehung erfordern.

Fallbeispiel ● Großhändler von Bürobedarfsartikeln

Die Idee, **eine aktivitätsbasierte Kostenrechnung („activity-based costing", ABC) für das Management der Kundenbeziehungen einzusetzen,** ergab sich bei diesem Großhändler von Bürobedarfsartikeln aus der Erfordernis, rentable von unrentablen Kunden zu unterscheiden. Zur Quantifizierung der Kundenrentabilität musste das Unternehmen ein genaueres Verständnis für die Kostenstruktur seines operativen Geschäftes entwickeln.

Dies geschah in mehreren Schritten. In einem ersten Schritt wurden die eigenen Geschäftsprozesse (insgesamt 79) und deren Häufigkeit und Kosten ermittelt. Danach unterzog das Unternehmen diese Prozesse einer genaueren Betrachtung und verglich die verschiedenen Möglichkeiten (und Kosten) für ihre Ausführung. Im darauf folgenden Schritt wurden zunächst die diversen, für die Bearbeitung eines Kundenauftrags benötigten Prozesse ermittelt. Anschließend wurden die Kosten pro Kundenauftrag durch die Addition der Kosten für die einzelnen, zur Bearbeitung des Kundenauftrags erforderlichen Prozesse kalkuliert. Die Rentabilität der einzelnen Kunden ergab sich nach Abzug der so berechneten Gesamtkosten von der Bruttomarge des Kunden.

Die Analyse der so ermittelten Kundenrentabilitätswerte führte zur Erkenntnis, dass auch die Unternehmenskunden von einer Änderung ihrer Prozesse profitieren könnten, wenn diese in Anpassung an die Strukturen des Dienstleisters erfolgen würde. Das Ergebnis dieser Analyse war die Entwicklung der **ABC-Software „SAVE"**. „SAVE" kann an die Kunden weitergegeben werden und gibt dem Benutzer Aufschluss über die folgenden Prozesse:

- Bedarf an Büromaterial,
- Bestellung von Bürobedarfsartikeln,
- Zustellungsdatum und Verteilung der bestellten Produkte,
- beim Großhändler für Bürobedarfsartikel ausstehende Rechnungen.

Nach der Kalkulation der Kosten dieser einzelnen Prozesse können Außendienstmitarbeiter, die sowohl in der aktivitätsbasierten Kostenrechnung als auch in „SAVE" geschult wurden, komplexe „Wenn-Dann"-Modelle erstellen, um Empfehlungen zur Kostenreduzierung zu geben und die Folgekosten zu ermitteln.

Der Einsatz der ABC-Rechnung zur Wertquantifizierung hat viele Vorteile. „SAVE" hilft bei der Ermittlung und Verringerung von Effizienzproblemen sowohl auf der Seite des Dienstleisters als auch auf der des Kunden. Auch lässt sich mit „SAVE" Wissen zwischen Unternehmen transferieren, wodurch enge Beziehungen zwischen den Unternehmen entstehen. Schließlich hat „SAVE" sogar einige Kunden zur Verbesserung ihrer eigenen Key-Account-Prozesse inspiriert! „SAVE" stellt nicht nur einen systematische Ansatz zur Wertquantifizierung dar, sondern hilft darüber hinaus sowohl den Kunden als auch dem Dienstleister, Zeit und Geld zu sparen und eine Win-win-Situation herbeizuführen.

Quelle: NAMA & Interview

Dem Kunden die Wertsteigerung vermitteln

An den Touchpoints zum Kunden beruhen Kommunikationsqualität, Kommunikationsinhalt und Informationsaustausch nur zu oft auf der Erfahrung und Ausbildung des jeweiligen Vertriebsmitarbeiters und nur in den seltensten Fällen auf einem systematisch für das Gespräch vorbereiteten Skript. Dies trifft in besonderem Maße auf den B2B-Bereich zu. Stehen Skripte zur Verfügung, unterstützen sie in der Regel den Geschäftsprozess auf angemessene Weise. Die Bereitstellung von Produkt- oder Serviceinformationen und die Erhebung von Kundeninformationen werden in diesen Skripten jedoch häufig übersehen. Ist kein Skript zur Unterstützung des Informationsaustauschs verfügbar, ist die übermittelte Botschaft nur so gut (oder schlecht) wie die Person, die sie übermittelt, und so bleiben die Fähigkeiten und das umfangreiche Know-how des gesamten Unternehmens ungenutzt.

Um sicherzustellen, dass die Kundenkommunikation an jedem Touchpoint mit den ausgewählten Kundenstrategien übereinstimmt, müssen Unternehmen den gesamten Kommunikationsweg definieren, einschließlich der Werbebotschaften, des Direktmarketings, der Online-Dienste, der Face-to-Face-Begegnungen und Kunden-Events, wie zum Beispiel Messen. Außerdem muss der genaue Zeitpunkt jeder dieser Begegnungen festgehalten werden, um den Lebenszyklus des Kunden nachverfolgen zu können. All diese Aktivitäten bilden zusammen einen Kommunikationsweg, der – zur Unterstützung der Strategie und des Account-Plans – für jede ausgewählte Kundenstrategie individuell definiert werden sollte.

Manche Begegnungen lassen sich sowohl hinsichtlich des Inhalts als auch hinsichtlich des Zeitpunktes ihres Eintretens gut vorausplanen. Zu solchen Begegnungen zählen zum Beispiel die Erneuerung eines Wartungsvertrags, Kundenveranstaltungen, regelmäßige Wartungsarbeiten und monatliche Lagebesprechungen. Solche Begegnungen fördern den Kommunikationsprozess und sollten die ausgewählten Kundenstrategien unterstützen. Sie müssen für jedes Segment und, in einigen Fällen, für jeden strategischen Account koordiniert und geplant werden. Im Idealfall ergeben sie sich aus einer Kombination der aktionsbezogenen Aspekte des Kundenplans mit der Kommunikationsstrategie.

Für jeden Abschnitt des Kommunikationswegs müssen Inhalt und Timing definiert werden. Dabei sollten folgende Fragen beachtet werden:

- Unter welcher Überschrift steht die Begegnung und was ist ihr Ziel?
- Welche Informationen sollen dem Kunden zur Verfügung gestellt werden?
- Wie kann das Treffen vorbereitet werden (zum Beispiel erforderliches Material)?
- Welche Informationen möchte man vom Kunden erhalten?
- Was für ein Gefühl soll dem Kunden vermittelt werden?
- Welche Kommunikationskanäle können benutzt werden?

Bei einigen Treffen ist es nicht möglich, den genauen Zeitpunkt der Begegnung vorherzusagen, da sie vom Kunden initiiert werden und auf Grund von Beschwerden, Informationsanfragen oder sonstiger spontaner Anlässe erfolgen. Sie können aber von entscheidender Bedeutung sein und müssen daher, wie zuvor beschrieben, genauso sorgfältig vorbereitet werden. Zwar lässt sich in solchen Fällen der Zeitpunkt der Begegnung nicht im Voraus bestimmen, andere Themen können aber sehr wohl vorbereitet werden. Manche dieser Treffen können so entscheidend sein, dass ohne eine sorgfältige Planung der Begegnung die Beziehung erheblichen Schaden nehmen könnte. Dabei geht es beispielsweise um Supportanfragen des Kunden kurz nach der Lieferung eines neuen Produkts.

Die während einer Begegnung mit dem Kunden gelieferten Informationen können in Produktinformationen und Serviceinformationen unterschieden werden. Produktinformationen umfassen zum Beispiel Größe, Gebrauchsmuster, Leistungsindikatoren, optimale Gebrauchsmuster, Erfahrungen der Benutzer. Serviceinformationen umfassen zum Beispiel Help-Line-Telefonnummern, Inhalte von Online-Diensten, bevorzugte Kontaktkanäle. Die Kommunikation zwischen Unternehmen und Kunde sollte so geplant werden, dass Informationen aus beiden Kategorien bereitgestellt werden.

Es reicht jedoch in den seltensten Fällen aus, sich lediglich auf die Weitergabe von Informationen an die Kunden zu beschränken. Kommunikation muss in beide Richtungen erfolgen und ein Dialog initiiert werden, denn nur über einen Dialog kann man auch lernen. In einem richtigen Dialog verbessert sich der Kommunikationsinhalt jedes Mal, wenn eine der beiden Seiten sich Zeit für den Informationsaustausch nimmt. So summieren sich allmählich die Informationen und die Beziehung passt sich schließlich den Kundenprozessen an, wodurch mehr Wert generiert wird. Auf der Grundlage von Dialogbereitschaft und Datenbeständen sind Unternehmen in der Lage, Produkte und Serviceleistungen zu entwickeln und mehr über die Gebrauchsmuster jedes Benutzers zu erfahren. Je mehr Kundeninformationen gesammelt werden, desto kundenspezifischer kann das Angebot schließlich gestaltet werden, vorausgesetzt das Unternehmen ist in der Lage, die gesammelten Informationen zu speichern und zu nutzen. Nach einer gewissen Zeit und mit steigender Qualität und Quantität der Informationen wird die Maßfertigung für den Kunden („Customization") zu einem kontinuierlichen Prozess. Beide Seiten erweitern ihren Lernhorizont und so können Innovationen für den Kundenservice entwickelt werden. Wenn sowohl die Account-Planung als auch das aktive Opportunity Management diesen Lernprozess unterstützen, werden sich kontinuierlich neue Geschäftschancen zur Wertsteigerung ergeben.

Die Strategie, Produkte und Serviceleistungen an die Kundenwünsche anzupassen, ist sehr gut mit SAM-Strategien vereinbar. Die Maßfertigung an sich sollte jedoch nicht immer das Ziel sein. Kundenbeziehungsstrategien sollten Massenproduktion und Standardprodukte für ausgewählte Segmente umfassen. Allerdings können die Kundenkommunikation und die Bereitstellung von Informationen zu einem Großteil an den Kunden angepasst werden. Jeder Kommunikationsweg beinhaltet kundenspezifische und standardisierte Elemente. Ihr Mischungsverhältnis wird im Account-Plan festgelegt.

Um Beziehungsstrategien und Beziehungen aufzubauen, die eine an den Kunden angepasste Wertsteigerung ermöglichen, müssen die Kunden bereit und motiviert sein, Zeit zu investieren, um herauszufinden, wie man das Angebot einsetzt und Nutzen daraus ziehen kann. Die prinzipielle Bereitschaft auf Kundenseite, eine Beziehung aufzubauen, hängt von dem vermittelten Nutzen und der empfundenen Wertsteigerung ab. Darüber hinaus führen messbare Benefits wie Zeit- und Kostenersparnisse zum Ausbau dieser ökonomischen Beziehung.

Eine strukturierte Kommunikation über die Möglichkeiten und Vorteile des Angebots muss den Einsatz von Produkten und Serviceleistungen begleiten. Loyalität wird nur dann zu einem Vorteil für den Kunden, wenn das Angebot den Kundenprozess unterstützt und den Wertschöpfungsprozess fördert und der Kunde gleichzeitig lernt, wie er von dem Angebot am besten profitiert. Ist dies der Fall, sind Kunden nur widerwillig zu einem Dienstleisterwechsel bereit, da sie viel in das Erlernen der Angebotsnutzung investiert haben. Daten zum Kundenverhalten und zu Gebrauchsmustern müssen daher systematisch analysiert und genutzt werden, um den Wertschöpfungsprozess zu unterstützen.

Der Lernprozess kann standardisiert werden. Kommunikationswege und Begegnungen müssen definiert und Skripte erstellt werden, um ideale Ergebnisse zu erzielen. Wenn die Kunden informiert werden und wissen, wie das Angebot zu nutzen ist, müssen Investitionen in den Kundensupport nicht hoch sein und der Kunde kann Services sogar selbst abrufen.

Der Kontaktmanagementprozess benötigt die Unterstützung von IT-Systemen. Kundeninformationen, Produktinformationen und Informationen über vorhandene Kompetenzen müssen während des gesamten Prozesses zugänglich sein. IT-Systeme sollten Informationen über die Effektivität der Nachfragegenerierung, die Loyalität und die Geschäftsabschlussrate von Kunden bereitstellen. Das Kundendatenmanagement ist von grundlegender Bedeutung, wenn der Prozess erfolgreich sein soll.

Der Account-Planungsprozess ist die Stütze des gesamten Programms. Der Account Manager initiiert den Planungsprozess und das Account Team sollte im Idealfall den Plan ausarbeiten. Der Kunde muss mit einbezogen werden, um sicherzustellen, dass der Plan mit den Budgetmöglichkeiten und Prioritäten jedes Kunden im Einklang steht.

Eine der Hauptaufgaben eines Account Managers ist das Opportunity Management. Ein Account-Plan sollte die Ermittlung und Beurteilung von Geschäftschancen fördern, damit diejenigen herausgefiltert werden können, die es wert sind, weiterverfolgt zu werden.

Bei einem typischen Verkaufs-Installations-Wartungsprojekt kommt es über unterschiedliche Kommunikationskanäle zu zahlreichen persönlichen Kontakten auf unterschiedlichen organisatorischen Ebenen. Die bei jeder dieser Begegnungen übermittelten Messages sollten die ausgewählte Beziehungsstrategie so unterstützen, dass der Kunde nur eine Agenda und nur eine Stimme wahrnimmt.

Die folgenden Aussagen helfen Ihnen bei der Einschätzung der SAM-Praktiken in Ihrem eigenen Unternehmen. Haben Sie die meisten Aussagen mit „Ja" beantwortet, ist das SAM-Programm in Ihrem Unternehmen vermutlich recht gut ausgeprägt. Ist jedoch „Nein" die am häufigsten gegebene Antwort, können Ihnen ausgewählte Abschnitte dieses Kapitels, die Ihnen für die Entwicklungsanforderungen in Ihrem Unternehmen relevant erscheinen, Anregungen für Verbesserungsmöglichkeiten geben. Befinden sich in Ihrem Unternehmen gerade viele der angesprochenen Punkte „im Entwicklungsstadium", dann ist Ihr Unternehmen bereits auf dem richtigen Weg und Sie können die hier gemachten Vorschläge für Einzelfragen heranziehen.

Aussage	Ja	Nein	In Entwicklung
Account-Pläne werden für jeden strategischen Account erstellt.			
Kunde wird in den Account-Planungsprozess mit einbezogen.			
Account-Planung wird zur Ermittlung von Geschäftschancen genutzt.			
Account-Pläne werden systematisch umgesetzt und regelmäßig kontrolliert.			
Eine spezifische Metrik unterstützt die Entscheidungsfindung.			
Geschäftschancen werden systematisch analysiert.			
Skripte für Kundentreffen sind verfügbar.			
Kundendaten sind bei jedem Treffen zugänglich.			
Unterscheidung der strategischen Accounts von den anderen Kunden erfolgt bei jedem Treffen.			

KAPITEL 5

CRM-Technologien unterstützen strategisches Account Management

Die Entwicklung eines strategischen Account-Management-Programms erschließt Managern organisatorische Möglichkeiten, die es ihnen erleichtern, ihre wichtigsten Kunden systematisch zu verwalten. Die organisatorischen Möglichkeiten müssen durch technische ergänzt und unterstützt werden. Dieses Kapitel befasst sich zunächst mit der Nutzung von Customer-Relationship-Management-Technologien, kurz CRM-Technologien, beim strategischen Account-Management und zeigt im Anschluss daran potenziell nützliche Einsatzbereiche. Abschließend wird auf die Frage eingegangen, wie man aus Kundenkontakten Wissen generieren kann.

Von der CRM-Technologie profitieren

Wissen über den Kunden ist für erfolgreiches SAM von grundlegender Bedeutung. Es ist wichtig, Supportsysteme zu entwickeln, die sicherstellen, dass jeder Mitarbeiter mit Kundenkontakt alle erforderlichen Informationen über den Stellenwert des strategischen Accounts und über die Ziele des Dienstleisters bei der Entwicklung der Account-Beziehung hat. Indem er Informationen über die Beziehung und die Ziele der Kontakte zusammenträgt, das Kontaktpersonal sorgfältig auswählt und ausbildet und eine Unternehmensphilosophie fördert, die das Personal dazu ermutigt, Verantwortung für die Zufriedenheit des Kunden zu übernehmen, kann der Lieferant erfolgreich sein.

Traditionell wurden Kundeninformationen in Unternehmen bisher in multiplen Systemen gespeichert. Alte Legacy-Systeme waren primär für die Unterstützung spezifischer Geschäftsprozesse konzipiert worden. Die Kundendaten wurden dabei als das notwendige Übel in der Datenstruktur gesehen und zumeist nicht genutzt und gepflegt. Aus diesem Grund haben die meisten Unternehmen Schwierigkeiten, zuverlässige Daten über einen bestimmten Kunden abzurufen. Die Daten sind allzu oft in multiplen Formaten abgelegt und in den meisten Fällen unterstützt die Systemarchitektur nicht die Systemintegration oder Konsolidierung der Kundendaten.

Exkurs ● **Kurze Geschichte der CRM-Technologie**

Die ersten Computeranwendungen wurden zur Produktivitätssteigerung entworfen. Die Anwendungsbereiche umfassten Funktionen zur Unterstützung von Produktion und Auftragserfüllung, einschließlich Auftragseingang, Lieferung und Rechnungsstellung. Der Schwerpunkt lag auf der internen Prozessautomatisierung durch Enterprise Resource Planning (ERP). Enterprise Resource Planning ist eine Sammlung von Softwareprogrammen, die die diversen Funktionen eines Unternehmens (Finanzen, Produktion, Logistik, Personalmanagement usw.) in einer einzigen Datenbank vereinen. ERP ermöglicht auch Datenanalysen für Produktionsplanung, Absatzprognosen, Qualitätsanalysen usw. Charakteristische ERP-Komponenten sind: Finanzen/Rechnungswesen, Produktionsplanung/-terminierung, Personalmanagement, Vertriebsmanagement, Auftragsmanagement, Kundeninformationsmanagement, Shop-Floor-Management, Bestandsverwaltung, Beschaffungsmanagement, Produktionskontrolle, Finanzverwaltung und Qualitätsmanagement.

Nun, da die meisten Unternehmen den Umgang mit diesen Anwendungen beherrschen, findet gleichzeitig eine Verlagerung vom produktions- und funktionsorientierten Denken zum kundenorientierten Denken statt. Diese Verlagerung war die stärkste treibende Kraft hinter der Entwicklung von Anwendungen, die das Customer Relationship Management unterstützen.

Betrachtet man einen typischen Herstellungsprozess, so erkennt man logische Prozessschritte, die mit der Herstellung beginnen und mit dem Einsatz des Produkts enden. Die ersten Computeranwendungen unterstützten die Prozesse, die mit dem Beginn des Produktionsprozesses zusammenhingen, aber nicht die Prozesse nach der Bereitstellung des Produkts. Die ersten Anwendungen zur Unterstützung der Kundenprozesse dienten hauptsächlich der Entsendung von Servicepersonal zum Kunden und der Unterstützung des Help Desk. Hierbei handelte es sich um Großrechneranwendungen, die keine oder nur eingeschränkte Verbindungen zu anderen Anwendungen hatten. Help Desks und Call Center für den Kundenservice fristeten in den Unternehmen fast zehn Jahre lang ein isoliertes Dasein. Während Help Desks und Funktionen zur Serviceerbringung sich als kosteneffektiv erwiesen und auch die Kundenzufriedenheit erhöhten, wuchs in anderen Bereichen das Interesse an Call-Center-Lösungen, um die eigene Produktivität zu steigern und Probleme mit der Kundenzufriedenheit zu lösen. Marketing und Vertrieb waren die nächsten Bereiche, die zur Steigerung der internen Produktivität isolierte Lösungen einführten. Telemarketing und Tele Sales eröffneten dem vernachlässigten

Kunden einen neuen Kommunikationskanal, nämlich das Telefon, und boten neue Möglichkeiten für einen verbesserten Kundenservice.

All diese Anwendungen waren erfolgreich, wenn es darum ging, einen bestimmten Anwendungsbereich oder Prozess zu unterstützen, aber diese Bereiche kommunizierten nach wie vor nicht untereinander. Sie waren nicht in den Verkauf oder in andere, den Kundenprozess unterstützende Funktionen eingebunden und wurden daher hauptsächlich als Support-Funktionen angesehen. Noch komplizierter wurde das Ganze durch die Tatsache, dass jede Anwendung Kundendaten auf eine andere Art speicherte. Dies zog Unterschiede bei Systemarchitektur, Datenstruktur und Dateninhalt nach sich. Das Resultat war, dass grundlegende Kundeninformationen, wie zum Beispiel Name und Anschrift des Unternehmens, in multiplen Systemen und in vielen Fällen sogar auf multiple Art gespeichert wurden. So profitierten nur die Benutzer einer bestimmten Anwendung von den Daten. Kundendaten wurden nicht unternehmensweit geteilt und die Kosten für die Modernisierung dieser sich überschneidenden Systeme waren hoch.

Die ersten Versuche, diese versprengten Daten zu konsolidieren, gingen von Datenbankherstellern aus. Repositories und Warehouses wurden errichtet und große Integrationsprojekte ins Leben gerufen, um aus den vielfältigen Kundeninformationen ein einheitliches Bild zu gewinnen. Die meisten Darstellungen der Applikationen sahen aus wie ein Haufen Spaghetti mit Verbindungen zu und von den Legacy-Systemen. Schon bald stellten die Unternehmen fest, dass es nicht genügte, interne Prozesse zu definieren, zu automatisieren und zu unterstützen, da dieser Ansatz den Kunden nicht berücksichtigte und nur zu kostspieligen Integrationsprojekten führte.

Die Idee für CRM entstand um 1994 in einigen multinationalen Konzernen. IBM beispielsweise definierte die eigenen Prozesse zur Unterstützung des gesamten Lebenszyklus des Kunden, angefangen beim Absatzmanagement bis hin zur Kundenzufriedenheit und nannte diesen Ansatz als erster CRM. Bald schon erkannten viele andere Unternehmen die Bedeutung, Kundenstrategien und Prozesse zu deren Unterstützung zu definieren. Gleichzeitig hatte sich die Technologie soweit entwickelt, dass es möglich und auch bezahlbar war, die Kundeninformationen des gesamten Unternehmens in einem einzigen System anzuzeigen, ohne die Verbindungen zu den Legacy-Systemen zu vernachlässigen. Front-Office-Anwendungen verfügten über Funktionen zur Unterstützung der Prozesse und Kundeninformationen wurden in einem zentral verwalteten System gespeichert.

Die Idee, den gesamten Lebenszyklus des Kunden und den End-to-End-Prozess durch ein einziges System zu unterstützen, war gut. Doch der wahre Boom überrollte den Markt erst, als das Internet und das World Wide Web es ermöglichten, Kunden direkt und kosteneffizient an die Systeme anzubinden. Mit einem Mal hatten die Kunden direkten Zugang zu Informationen und Unternehmen. Das Internet bot neue Möglichkeiten für die Entwicklung von Serviceleistungen und Produkten und deren Bereitstellung zu einem erschwinglichen Preis. Das galt nicht nur für die Kunden, sondern auch für die Unternehmen selbst, die versuchten, ihre interne Kommunikation zu verbessern.

Mit dem Einstieg von Unternehmen ins World Wide Web (WWW) und der Umstrukturierung traditioneller Geschäftsmodelle durchläuft die CRM-Technologie als Ganzes bedeutende Veränderungen. Die Verwaltung von Kundendaten ist heute wichtiger denn je. Da Kunden mehrere Kontaktkanäle angeboten werden, erwarten sie, an jedem Touchpoint erkannt zu werden. Folglich können Kundeninformationen nicht länger in mehreren voneinander isolierten Systemen gespeichert werden. Die Definition von CRM-Prozessen und die Umsetzung integrierter Technologielösungen wird sicherstellen, dass die Kunden über alle Kommunikationskanäle hinweg, einschließlich der E-Commerce-Lösungen, einheitlich behandelt werden.

Anwendungsbereiche für CRM

CRM kann als logische Fortsetzung des Enterprise Resource Planning (ERP) angesehen werden. Diese beiden Konzepte ähneln sich sehr. Beide beziehen die gesamte Unternehmensorganisation mit ein und erfordern Prozess- und Anwendungsentwicklung. Auch geht es bei beiden um große Projekte, für die hohe Investitionen erforderlich sind. Es lässt sich sogar sagen, dass ERP die Voraussetzung für erfolgreiches CRM ist. Während ERP das Back Office automatisierte, hilft CRM das Front Office zu automatisieren. Damit CRM zum Erfolg wird, müssen beide miteinander kombiniert werden mit dem Ziel, dem Kunden zu dienen.

Technische Probleme zu lösen, reicht nicht aus. Viele Unternehmen haben versucht, neue Systeme zur Unterstützung von CRM einzuführen. Sie haben sich für Anwendungen von beispielloser Funktionalität entschieden, aber die Erfolgsquote dieser Projekte blieb gering. Die Hauptgründe hierfür liegen zum einen in den unternehmensinternen Herausforderungen und zum anderen in Unternehmenskulturen, die für ein Umdenken nicht bereit sind.

Anwendungen bieten in der Regel umfassende Funktionen und Unterstützung für komplexe Geschäftsprozesse. Dies trifft besonders auf umfassende Lösungen zu, wie sie zum Beispiel von CorePoint und Siebel angeboten werden. Doch die passenden Funktionen bereitzustellen, ist nur ein guter Anfang. Die Bedeutung des internen Buy-ins wird oft übersehen und so erfolgt die IT-Entwicklung losgelöst vom realen Geschäft. Die Mitwirkung zukünftiger Benutzer wird nicht erwogen und die Entwicklung IT-Experten überlassen.

Auch die Bedeutung der Unternehmenskultur darf nicht außer Acht gelassen werden. Jedes Unternehmen entwickelt im Hinblick auf den Kundenservice seine eigene Kultur. Die Installation einer neuen CRM- oder SAM-Anwendung wird diese Unternehmenskultur nicht schlagartig ändern, weshalb Anwendungen allein keine handfesten Geschäftsprobleme lösen können. Um den Erfolg von CRM-Projekten zu sichern, müssen Geschäftsprozesse und IT-Anwendungsentwicklung Hand in Hand gehen. Die zukünftigen Benutzer der Anwendungen sollten an den Entwicklungs- und Definitionsstufen sowohl des Prozesses als auch der Anwendungen teilnehmen. Durch das Einbeziehen der Benutzer in das Projekt lassen sich die folgende Vorteile erzielen:

- Prozessdefinitionen erfolgen durch die tatsächlich am Prozess beteiligten Mitarbeiter.

- Das interne Buy-in erfolgt wesentlich schneller.

- Die Unternehmenskultur lässt sich leichter ändern, wenn die am Projekt beteiligten Personen im Unternehmen als Multiplikatoren der Veränderung auftreten.

In den meisten Industrieunternehmen war die Unternehmenskultur produktions- und produktorientiert. Das ist verständlich, da die meisten Investitionen in diese Bereiche geflossen sind. Mit der wachsenden Bedeutung von CRM sehen sich traditionelle Unternehmen der Herausforderung gegenüber, die Einstellung ihrer Angestellten zu ändern. Es geht nicht darum, die Mitarbeiter zu bitten, Produkte und Produktion zu vergessen, vielmehr sollen sie beginnen, diese als Lösungen für und Investitionen in den Mehrwert im Kundenprozess zu sehen. Eine solche Einstellung ist der Schlüssel zu einer CRM-freundlichen Unternehmenskultur.

Die Unternehmenskultur lässt sich verändern, auch wenn dies keineswegs einfach ist. Besonders schwierig wird es, wenn die Geschäftsentwicklung positiv verläuft und es keinen zwingenden Grund gibt, etwas zu ändern. In den meisten Fällen ist eine starke Bedrohung von außen Auslöser für Veränderungen. Die Bedrohung kann in Form eines neuen Wettbewerbers oder eines Paradigmenwechsels bei der Geschäftsabwicklung auftreten. In beiden Situationen wird die Fokussierung auf die Kundenbeziehungen dabei helfen, die Unternehmenskultur zu verändern und die Energien auf den Dienst am Kunden zu konzentrieren.

Fehlt eine Bedrohung von außen bzw. ist sie nicht erkennbar, ist eine Veränderung der Unternehmenskultur schwieriger herbeizuführen. Multiplikatoren der Veränderung müssen gefunden und ausgebildet werden. Die neue, kundenorientierte Strategie muss zunächst intern vermittelt werden, bevor man mit ihr an die Kunden herantreten kann. Die Ausbildung der für den Kundenkontakt verantwortlichen Mitarbeiter ist von größter Bedeutung. Jeder Mitarbeiter muss die Bedeutung eines einheitlichen Kundendienstes, der alle Kontaktkanäle und Touchpoints umfasst, begreifen. Bei jedem Kundenkontakt sollten die geeigneten Kundendaten genutzt werden.

Zur Unterstützung des gesamten CRM-Prozesses müssen mehrere Anwendungsbereiche bedacht werden. Das Thema des Kundendatenmanagements muss geklärt werden, bevor eine Front-Office Anwendung Wert für ihre Benutzer oder die Kunden generieren kann. Anderenfalls würde es sich nur um die Automatisierung bestehender Funktionen handeln, mit einer Reihe von isolierten Anwendungen, welche die Ausführung eines einheitlichen Prozesses als Endresultat nicht gewährleisten würden.

Kundendatenmanagement allein genügt jedoch nicht. Es gibt weitere Anwendungsbereiche, die genauer untersucht werden müssen, um einen erfolgreichen Einsatz von CRM-Anwendungen zu gewährleisten. Die Anwendungsbereiche lassen sich wie folgt einteilen:

- Kundendatenmanagement (Data Mining und Data Warehouse-Lösungen),
- Marketing-Automatisierung (Kampagnen- und Opportunity Management),
- Call Center (Inbound und Outbound),
- E-Commerce,
- Sales Force Automation (SFA),
- Außendienst,
- spezifische SAM-Anwendungen.

Kundendaten sollten zentral verwaltet und gespeichert werden. Es sollte eine einzige Stammdatei geben, in der alle Kundendaten enthalten sind. Diese Datei kann entweder manuell von den Benutzern oder automatisch durch Legacy-Systeme aktualisiert werden. Zudem können Daten von außenstehenden Quellen eingekauft werden. Die Frage, an welcher Stelle sich die Stammdatei innerhalb des Unternehmens befindet, ist äußerst wichtig, da die meisten internen Prozesse die Daten nutzen und integrieren müssen.

Applikationen zur Marketing-Automatisierung unterstützen den Marketingprozess und beginnen mit der Definition der Zielgruppe für eine spezifische Aktion. Analytische Tools beim Data Mining helfen bei der Auswahl der richtigen Zielgruppe. Kampagnenergebnisse, einschließlich des Opportunity Managements, werden durch diese Applikationen unterstützt. Ein großer Teil des Direktmarketings, die Lead-Generierung und Qualifikation wird ebenfalls kanalübergreifend gefördert.

Damit Call-Center-Applikationen SAM voll unterstützen können, müssen sie über eine Rufnummernerkennung (damit der Agent die Kundendaten angezeigt bekommt), eine Erkennung der angerufenen Nummer (um zum Beispiel den Portfoliotyp oder die Kampagne des Kunden zu identifizieren), intelligentes Routing und Predictive Dialing verfügen. Die meisten Call Center sind mit der Integrated-Voice-Response-Technologie (IVR) ausgestattet, die eine Selbstbedienung bei sehr einfachen Transaktionen, wie zum Beispiel Flugankunftsinformationen, ermöglicht.

Die virtuelle Welt des Internet und E-Commerce bietet einen neuen Kanal für die Entwicklung und den Vertrieb von Produkten und Serviceleistungen zu wesentlich niedrigeren Kosten als die „physische" Welt. Dieser fundamentale Paradigmenwechsel wird zwei Dinge nach sich ziehen: Der Kunde wird mehr Macht erlangen und alle Geschäfte, die digital abgewickelt werden können, werden ins Internet verlagert. Die meisten Websites benötigen die Unterstützung eines Call Centers, um persönliche Beratung und Service anbieten zu können.

Sales Force Automation (SFA) und Applikationen für den Außendienst sind bei der Koordinierung von SAM-Aktivitäten besonders wichtig. Sales-Force-Automation-Applikationen fördern den Vertriebsprozess, indem sie Informationen zu Bestellungen, schnelle und zuverlässige Antworten auf Kundenanfragen und das Follow-through von Verpflichtungen ermöglichen. Kontaktmanagement, Produktkonfiguration, Quotengenerator, Preisfestsetzung, Kostenaufstellung und Leistungsbewertungen des Vertriebs sollten zur Verbesserung von SAM ebenso durch SFA-Applikationen unterstützt werden. Die Applikationen für den Außendienst unterstützen wiederum die Arbeit der Außendienstmitarbeiter vor Ort und gewährleisten einen schnellen und präzisen Kundendienst. Sie beinhalten Funktionen zur Entsendung von Wartungsarbeiten, die Kontrolle über Lagerbestände und die Durchführung von Reparaturarbeiten durch Bereitstellung aktueller Informationen und Analysen für ein bestimmtes System oder eine bestimmte Produktfehlfunktion.

SFA-Anwendungen enthalten viele der wichtigsten Produktivitätsverbesserungen für Account Manager. Neben diesen SFA-Lösungen gibt es weitere Anwendungen, von denen alle Account Manager profitieren, wie zum Beispiel elektronische Account-Pläne und Extranet-Lösungen, und die es ihnen ermöglichen, Daten mit ihren Accounts zu teilen, wie das folgende Fallbeispiel zeigt. Elektronische Account-Pläne sind leichter zu aktualisieren für das gesamte Team und – auch weltweit – rasch verfügbar.

Dieser Dienstleister von Dokumentenlösungen – sowohl in elektronischer als auch in Papierform – hat aus seinem Kundenbestand circa 120 Kunden als Global Accounts ausgewählt. Obwohl die Auswahl der Global Accounts im Unternehmen keine exakte Wissenschaft ist, übertrifft die Qualität der Accounts die Quantität. Einige der Auswahlkriterien umfassen das Geschäftsvolumen zwischen Kunde und Dienstleister, die Organisation des Kunden, die Fähigkeit und Bereitschaft des Kunden, Lösungen gemeinsam mit dem Dienstleister zu erarbeiten, sowie die Bereitschaft des Kunden, über seinen Geschäftsplan und seine Geschäftsstrategien Auskunft zu geben.

Der Global Account Manager ist verantwortlich für jeden Account in seinem Zuständigkeitsbereich. Der wichtigste Teil der Arbeit des Global Account Managers ist der **jährliche Planungszyklus.** Ein guter und vernünftiger Planungsprozess ist die Voraussetzung für das Global-Account-Management-System und bildet die Grundlage für die Account-Beziehung. Der Global Account Manager ist verantwortlich für den Planungsprozess, aber auch Mitarbeiter aus anderen Produktbereichen und aus Regionen, die viele Geschäfte mit dem Kunden tätigen, werden mit einbezogen. Durch die Einbeziehung aller Seiten und die Niederschrift der vereinbarten Punkte wird die Umsetzung des Plans erheblich vereinfacht.

Die Planung erfolgt in zweitägigen Sitzungen. Am ersten Tag wird der Kunde für etwa einen halben Tag eingeladen. Auf der Grundlage der Gespräche mit dem Kunden wird der Account-Plan an den darauf folgenden anderthalb Tagen entworfen. Dann wird der Account-Plan in einem Dateisystem dokumentiert, in dem er künftig allen Mitarbeitern mit Kundenkontakt zur Verfügung steht. Der Kunde ist nicht an der Definition der Beziehungsziele beteiligt, auch wenn das Unternehmen dies als nützlich anerkennt. Da die Geschäftschancen bei jedem Account zahlreich sind, ist die Festlegung von Zielen nie ein großes Problem. Das Problem besteht viel mehr darin, die Mittel und Wege zur Aktivierung dieser Geschäftschancen zu finden! Der Account-Planung wird daher eine viel größere Bedeutung zugemessen als der Festlegung von Zielen.

Zur Unterstützung des Global-Account-Management-Programms hat das Unternehmen ein **Global Account Management Information System (GAMIS)** entwickelt. GAMIS ist ein System, das Informationen sowohl für die Global Account Manager als auch für die Kunden enthält. Auf der GAMIS-Website können Global Account Manager unterschiedliche Informationen über die Kunden finden, bis hin zur Beschreibung des Anfahrtsweges zum Kunden. Im GAMIS-Extranet erhalten Kunden Zugang zum Account-Plan und finden Informationen, wer für sie der jeweilige Ansprechpartner für bestimmte Angelegenheiten ist. Es gibt auch eine Verbindung zum Produktkatalog, die es den Kunden ermöglicht, direkt über das Internet einzukaufen.

Der wichtigste Benefit für die Global-Account-Kunden ist, dass sie einen einzigen Ansprechpartner für all ihre Geschäfte mit dem Dienstleister haben (Single Point of Contact, SPOC). Die Kunden erhalten auch globale Verträge und, in unternehmensweiter Zusammenarbeit, einen sehr fokussierten Service, zum Beispiel in Form einer direkten Sales Force.

Quelle: Interview

CRM ist eine technologieunterstützte Managementphilosophie und sollte auch so behandelt werden. Deshalb muss eine vernünftige CRM-Strategie definiert und umgesetzt werden, bevor ein erfolgreiches Anwendungsprojekt begonnen werden kann. Unabhängig davon, welche der oben genannten Applikationen zum Einsatz kommen, die Geschäftsprozesse sollten zuerst oder im Zusammenhang mit dem Anwendungsprojekt definiert werden. Projekte, die hauptsächlich mit der Installation von State-of-the-Art-Anwendungen mit umfassenden Funktionen beginnen, sind sehr häufig zum Scheitern verurteilt.

Der Beziehungsprozess als Basis für die Datenerhebung

Kundeninformationen bilden den Kern von CRM. Diese Informationen sind nicht auf die traditionellen Erfüllungsinformationen beschränkt, sondern werden durch demografische und Verhaltensinformationen sowie Informationen über die Gebrauchsmuster einer bestimmten Serviceleistung oder eines bestimmten Produktes ergänzt.

Obwohl moderne Datenbanksysteme den Einsatz fast jeder Kundeninformation ermöglichen und erleichtern, sollte man vom Versuch ablassen, zu viele Informationen speichern zu wollen. Jedes Unternehmen sollte zunächst analysieren, welche Entscheidungen auf der Grundlage gespeicherter Daten getroffen werden. Werden auf der Grundlage eines bestimmten Datenelementes keine Entscheidungen getroffen, ist es redundant und sollte nicht als Teil der Datenstruktur betrachtet werden.

Sind das Zielprofil und der gewünschte Inhalt der Kundendaten einmal festgelegt worden, besteht der nächste Schritt darin zu entscheiden, wie man die Daten gewinnt. Wie bereits erwähnt, geschieht dies teilweise durch ERP-Anwendungen. Diese Daten beinhalten die installierte Datenbasis und den Input des Anwendungssystems. Diese Informationen reichen jedoch zur zielgerichteten Anpassung der Beziehung an den Kunden („Customization") nicht aus, weshalb andere Möglichkeiten zur Informationsgewinnung gefunden werden müssen.

Informationen, die man nicht aus vorhandenen ERP-Systemen abrufen kann, müssen zusätzlich vom Kunden erhoben werden. Abbildung 16 zeigt die Prinzipien der Datenerhebung in Kundenbeziehungen. Gehen wir von der Annahme aus, dass ein Unternehmen weiß, welche zusätzlichen Informationen es benötigt und nennen wir diese benötigten Informationen „Zielprofil C". Kennt das Unternehmen das Zielprofil C, könnte es sowohl den Service als auch die Kommunikation exakt am Kunden ausrichten. Dann könnten die fehlenden Informationen systematisch bei jedem Touchpoint gesammelt werden. Der Ablauf der Kundenkontakte müsste durch ein Skript vorgegeben werden, um sicherzustellen, dass die richtigen Fragen gestellt werden. Eine selbstverständliche Voraussetzung ist der Zugang zu den Kundendaten an jedem Touchpoint.

Die zuvor angestellten Überlegungen können bis zum Prozess, bei dem neue Kunden gewonnen werden, fortgeführt werden. Damit ein Kunde als strategischer Account ausgewählt werden kann, wird eine bestimmte Menge an Grundinformationen über ihn benötigt. Nennen wir diese Informationen „Anforderungsprofil A". Beim Eingang der nächsten Bestellung erhält das Unternehmen zusätzliche Informationen, die für „Zielprofil A" herangezogen werden. Sobald das Unternehmen beginnt, die im Account-Plan aufgelisteten Aktionen auszuführen, können weitere Kundendaten an jedem Touchpoint gesammelt werden. Diese Daten können auch an jedem anderen Touchpoint, der nicht im Account-Plan spezifiziert ist, erfasst werden.

Bei den meisten Unternehmen wird Zeit benötigt, um die Beziehungen zu festigen und stärkere Bindungen zum Kunden aufzubauen. Auch diese Phase kann systematisch verwaltet werden, indem bei Kundenkontakten vorbestimmte Daten zur Verbesserung der Kundendaten abgefragt werden. Nachdem eine gewisse Zeit abgelaufen ist und die Kundendaten verbessert wurden, wird man das „Zielprofil B" erreichen. An diesem Punkt ist eine Beziehung stark und den Kunden zu halten wird immer wichtiger.

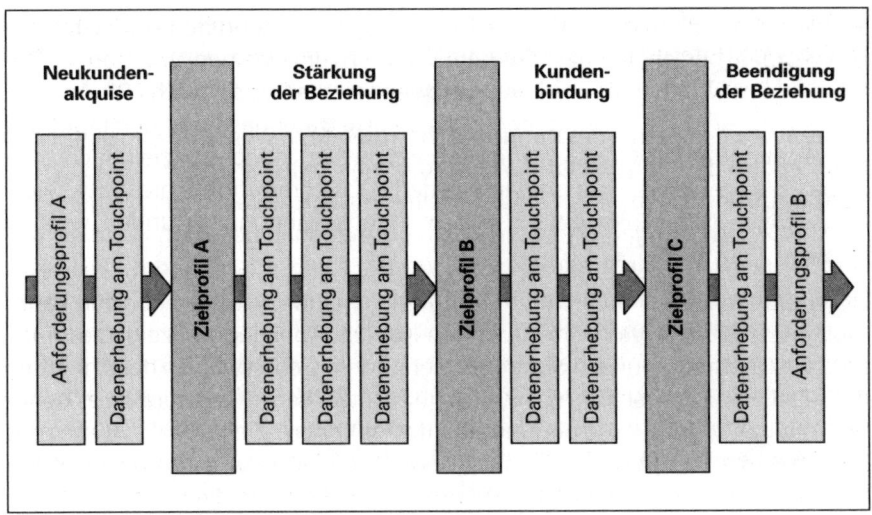

Abbildung 16: Datenerhebung im Beziehungsprozess

Die leitenden Angestellten des Lieferanten müssen detailliert festlegen, welche Daten benötigt werden und wie das Zielprofil auf jeder Stufe aussehen sollte. Die Definition der Datenelemente sollte nicht IT-Spezialisten oder Anwendungsberatern überlassen werden. Die Funktionalität der meisten Datenbankanwendungen bietet mehrfache Datenfelder und man sollte sich keinesfalls von den vielen Funktionen zur Berichterstellung blenden lassen. In diesem Fall gilt: weniger ist mehr! Die Schwierigkeiten, die beim Erheben, Aktualisieren und Benutzen komplexer Datenstrukturen entstehen, sind enorm und erfordern Investitionen in Personal, Systeme und Ausbildung. Hält man die Datenelemente so einfach wie möglich, wird es viel leichter, die Verantwortung für die Aktualisierung den Benutzern dieser Kundendaten zu übertragen.

Werden Kundendaten bei jedem Touchpoint mit den Kunden aktiv genutzt, so benötigt jeder Mitarbeiter, der einen Kunden in persönlichem Kontakt bedient, eine gewisse Menge an Kundendaten, um den Service verbessern und ihn möglichst persönlich und individuell gestalten zu können. Während der Erbringung der Serviceleistung benötigt der Mitarbeiter Kundendaten, um die Bereitstellung steuern und die Serviceleistung differenzieren zu können. Hat sich die kunden- und serviceorientierte Unternehmenskultur etabliert und unterstützt die Anwendung die Aktualisierung der Kundendaten während der Erbringung der Serviceleistung, wird sich der Mitarbeiter motiviert fühlen, seinen Beitrag zu leisten, um sicherzustellen, dass die Daten relevant und korrekt sind. Ist die entsprechende Unternehmenskultur dagegen nicht gegeben, wird nichts geschehen und Investitionen in CRM-Anwendungen sind völlig verschwendet.

In Situationen in denen der Kunde eigenständig tätig werden kann, bietet das Internet ihm die Möglichkeit die Dienstleistung selbst abzufordern. Informationsabruf und Online-Kauf sind Beispiele für solche Serviceleistungen. Die meisten Anwendungen erfordern Basisinformationen über den Kunden, wie zum Beispiel Name, Lieferadresse usw., um die Bestellung ausführen zu können. Der Kunde ist motiviert, diese Informationen zu geben, um eine zügige Lieferung zu gewährleisten. Ist die Anwendung sogar in der Lage, die Serviceerfahrung zu verbessern und einen Mehrwert zu bieten, wird der Kunde diese Informationen bereitwillig zur Verfügung stellen. Solche Informationen können dann zur Erbringung von individuell an den Kunden angepassten Lösungen genutzt werden. Es gibt zahlreiche bekannte Umsetzungen, die Kundeninformationen interaktiv nutzen, zum Beispiel Amazon.com oder American Airlines. Die Kundeninformationen werden so eingesetzt, dass die Kunden jedes Mal, wenn sie sich Zeit nehmen, die Website mit Informationen zu versorgen und die Kundeninformation zu verbessern, einen besseren Service erhalten.

Sowohl ERP- als auch CRM-Anwendungen sollten so konzipiert sein, dass sie Kundeninformationen mit einbinden. Aus der Sicht des Kunden sollte es keine Rolle spielen, welcher Kontaktkanal benutzt wird. Die Erfahrung aus dem Servicebereich sollte die Marke des Dienstleisters unterstützen und Kundeninformationen sollten kanalübergreifend gleichbleibend sein. Das ist nur dann zu erreichen, wenn alle Kanäle dieselben Kundeninformationen benutzen und die Informationen auch dazu genutzt werden, die Begegnungen bzw. Kundenkontakte zu personalisieren.

Die Geschäftsprozesse sollten so konzipiert sein, dass alle Kanäle denselben Prozess nutzen können und die Front-Office-Anwendung die erforderlichen Funktionen bietet. Dann können die Kunden interaktiv werden, indem sie die Website besuchen, Informationen bereitstellen und erhalten und einige oder alle Prozess-Schritte finalisieren. Benötigt der Kunde persönliche Unterstützung, kann er mit dem Call Center verbunden werden und mit einem Agenten sprechen. Der Call-Center-Agent sollte in der Lage sein, den Prozess an der Stelle aufzunehmen, an der er im Internet abgebrochen wurde, ohne den Kunden zu bitten, die Informationen, die er bereits bei der Anwendung im Internet angegeben hat, nochmals zu wiederholen. Die gleiche Transparenz sollte gelten, wenn der Kunde den Wunsch äußert, einen Außendienstmitarbeiter zu treffen oder das Geschäft bzw. das Unternehmen zu besuchen.

ERP-Anwendungen sollten mit derselben Kundendatenbank wie die CRM-Anwendungen verknüpft sein. Nur dann können die Unternehmen davon profitieren, Kundendaten nicht in mehreren Anwendungen pflegen zu müssen. Die gleichen Kundendaten im gesamten Unternehmen zugänglich zu machen, schafft Kontinuität über alle Touchpoints hinweg. Wenn die internen Benutzer der ERP-Anwendungen dafür sorgen, dass die Kundeninformationen, mit denen sie arbeiten, korrekt und auf dem neuesten Stand sind, dann wird deren Aktualisierung zu einem Nebenprodukt des Prozesses. Natürlich gibt es auch Datenelemente, die nicht von ERP- und CRM-Prozessen generiert werden. Solche Daten umfassen zum Beispiel Ergebnisse aus Marktstudien, die von externen Dienstleistern durchgeführt wurden, Informationen über Branchentrends, Wettbewerber usw. Derartige Informationen werden gewöhnlich von externen Quellen eingekauft und sollten denjenigen Benutzern zur Verfügung stehen, die von ihnen profitieren und darauf aufbauend Managemententscheidungen treffen (siehe Abbildung 17).

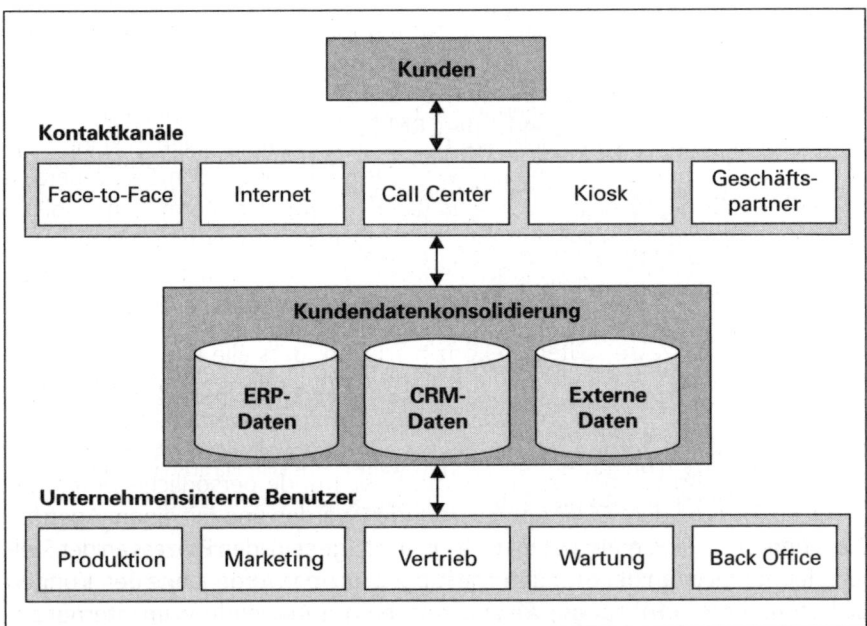

Abbildung 17: Kundendatenkonsolidierung

In CRM (sowohl Prozess- als auch Anwendungsentwicklung) zu investieren, heißt, in die wichtigsten Assets eines jeden Unternehmens zu investieren: die Kunden. Diese Investitionen sollten durch höhere Gewinne, einen größeren Marktanteil und vor allem einen höheren Anteil am möglichen Geschäft mit dem Kunden (Share-of-Wallet) gerechtfertigt werden. Bislang wurden diese Rechtfertigungen als recht dürftig und nicht vergleichbar mit Kostenersparnissen angesehen. Zur Zeit befindet sich diese Einschätzung jedoch im Wandel.

Das Erzielen quantifizierbarer Ergebnisse ist sehr wichtig, da diejenigen, die die alten Unternehmensstrukturen mit einer produktionsorientierten Einstellung repräsentieren, ansonsten nur allzu gern bereit sein werden, zur alten Welt und Sichtweise der Produkte und funktionalen Organisation zurückzukehren.

Unternehmensinterne Machtkämpfe zwischen funktional eingestellten Führungskräften und Account Managern werden nie ein Ende nehmen, wenn die Strategie nicht eindeutig artikuliert wird. Die Prioritäten für die Befugnisse zur Entscheidungsfindung sollten geklärt werden, bevor es zu Konflikten zwischen Vertretern des funktionalen und des kundenorientierten Ansatzes unter den Mitarbeitern kommt.

Viele Forschungsinstitute sagen ein zweistelliges Wachstumspotenzial in den nächsten Jahren für Investitionen in die CRM-Technologie voraus. Doch nur sehr wenige der großen Unternehmen haben bisher überhaupt angefangen, in diesen Bereich zu investieren. Die Investitionen werden immens sein und die in ERP Systeme langfristig überflügeln. Damit diese Investitionen auch wirklich rentabel sind (größerer Marktanteil und höherer Share-of-Wallets), sollten Unternehmen einige einfache Regeln befolgen:

- Projektziele sollten in Unternehmensziele integriert werden.
- Die Unterstützung der Unternehmensspitze sollte gesichert sein.
- Benutzer von CRM-Anwendungen sollten in die Entwicklungs- und Einsatzphase miteinbezogen werden.
- Prozess- und Anwendungsdefinitionen sollten Hand in Hand voranschreiten.
- Technologie sollte nur als Mittel zum Zweck betrachtet werden.

Die CRM-Technologie wird sich in den kommenden drei Jahren rasant weiterentwickeln. Es werden Lösungen erscheinen, die den immer mobiler werdenden Lebensstil der Führungskräfte unterstützen. Serviceleistungen werden zunehmend über Mobiltelephone erbracht werden (M-Commerce, WAP, Breitband, usw.) und neue Hand-Held-Technologien werden verfügbar sein, um Kunden noch schneller zu bedienen. Auf Grund der weit verbreiteten Tastaturphobie ist Sprachsteuerung („Voice Support") bei diesen zukünftigen Anwendungen ein Muss.

Die CRM-Technologie ist von großer Bedeutung, wenn es darum geht, die Rolle von SAM zu stärken und auszubauen. IT-Projekte spielen hingegen nur im Hinblick auf die erforderlichen Investitionen eine große Rolle. Die Strategie hat eindeutig Vorrang. Unternehmen sollten CRM-Technologien und Prozesse als neue Phänomene betrachten, die die Art, wie Unternehmen ihre Kunden behandeln, verändern werden. Endlich sehen wir Fortschritten entgegen, die dem Kunden wirklich nutzen werden.

ANHANG

SAM-Audit

Der Audit wurde von der CRM Group als integraler Bestandteil der in Europa, insbesondere in Skandinavien, mit mehreren Kunden durchgeführten Studie entwickelt. Hauptziel dieses Audit war, in den beteiligten Unternehmen die aktuellen Customer-Relationship-Management-Prozesse im Allgemeinen und die SAM-Aktivitäten im Besonderen zu analysieren. Zum Teilnehmerkreis zählten unter anderem Hewlett Packard, Nokia, ICL und Finnair, um nur einige zu nennen.

Ziele und Vorgehensweise beim Audit

Die zwei Hauptziele des Audit waren, erstens Informationen zur Positionierung der Teilnehmer untereinander zu liefern und zweitens in jedem Unternehmen Bereiche aufzuzeigen, in denen bei CRM und SAM Entwicklungsbedarf besteht.

Im Rahmen des Audit fanden Interviews mit Account Managern und Vertriebsleitern statt, um einen Überblick über das Unternehmen, die Auswahl der strategischen Accounts und das SAM-Programm zu gewinnen. Der Audit-Fragebogen enthielt mehr als hundert Aussagen, die die Teilnehmer in Bezug auf ihr Unternehmen und dessen Umgang mit SAM beantworten sollten. Die Teilnehmer wurden ferner gebeten, ihre Aussagen zur Validierung des aktuellen operativen Geschäftes schriftlich zu belegen. Unter dem so gewonnen Material waren Kopien von Account-Plänen, SAM-Handbüchern, SAM-Ausbildungsprogrammen und SAM-Marketingmaterial zu finden.

Dieses Material wurde anschließend von der CRM Group analysiert und dazu verwendet, Unternehmensbereiche zu ermitteln, in denen Entwicklungsbedarf bestand. Schließlich wurden die Ergebnisse und Vorschläge dem SAM-Programm-Manager und ausgewählten Mitarbeitern aus Vertrieb und Marketing jedes teilnehmenden Unternehmens präsentiert.

Analysemethode

Die aus dem Audit gewonnenen Aussagen wurden den Vertretern der Unternehmen präsentiert und dann einzeln erörtert. Die Vertreter der Unternehmen, hauptsächlich Account Manager und Vertriebsleiter, beschrieben das aktuelle operative Geschäft. Die anschließende Bewertung wurde von der CRM Group und den Repräsentanten der Unternehmen gemeinsam vorgenommen. Die Beteiligung der CRM Group stellte sicher, dass alle Teilnehmer nach denselben Bewertungskriterien beurteilt wurden. Dies ermöglichte die Positionierung aller Teilnehmer auf einer vergleichbaren Grundlage und sicherte die Objektivität der Analyse.

Jede Aussage beschrieb einen bestimmten Aspekt von SAM, wie zum Beispiel: „Account-Pläne sind online verfügbar", „Account-Pläne sind für alle, die sie benötigen, zugänglich", usw. Zudem wurden die Aussagen unterteilt, je nachdem ob sie sich auf den aktuellen Stand der Planung, die Umsetzung oder das Follow-up bezogen.

Die Analyse basierte auf einer Bewertung des Interviews, des schriftlichen Materials und der Antworten auf die Audit-Fragen. Im ersten Schritt der Analyse wurden die Antworten auf die Audit-Fragen untersucht und das Vorgehen bei Planung, Umsetzung und Follow-up bewertet. Diese Analyse spiegelte den allgemeinen Stand der SAM-Aktivitäten im Unternehmen wieder.

Auf der Grundlage der Interviewergebnisse und der Analyse des Audit konnte jedes Unternehmen in Relation zu den anderen positioniert werden. Aus der Positionierung wurde ersichtlich, dass Unternehmen, die bereits in ein SAM-Programm investiert und zum Beispiel einen Programm-Manager ernannt hatten, gute Ergebnisse erzielten. Auf der Basis aller Ergebnisse ließen sich drei verschiedene Gruppen ermitteln:

- Unternehmen, in denen sowohl Account Management als auch Kundenkontakte gut gehandhabt und durchgeführt wurden,

- Unternehmen, in denen das Account Management gut gehandhabt und durchgeführt wurde, die Kundenkontakte aber nicht auf demselben Niveau stattfanden,

- Unternehmen, in denen sowohl das Account Management als auch die Kundenkontakte unter dem Durchschnitt lagen.

Zur Optimierung der Analyseergebnisse wurden alle hundert Fragen nach den folgenden Bereichen oder „Indizes", auf die sie sich bezogen, in verschiedene Kategorien eingeteilt:

Management-Planungsindex: Wie gut wurde die kurzfristige Planung ausgeführt, wie wurden Ziele festgelegt und vermittelt, wie gut wurde das Opportunity Management gehandhabt? Ein besonderer Schwerpunkt lag auf dem Planungsprozess und der Qualität seiner Dokumentation.

Management-Umsetzungsindex: Wie gut wurden Rollen, Prozesse und Prozeduren zur Abwicklung des täglichen operativen Geschäfts definiert? Auch Anreizsysteme wurden in diesem Bereich einer Betrachtung unterzogen.

Management-Follow-up-Index: Was war die Schlüsselmetrik, wie wurde sie eingesetzt und aus was bestand der Follow-up-Zyklus? Ebenso berücksichtigt wurde, wie oft das Management Ergebnisse beurteilte und wie Entscheidungen getroffen wurden.

Geschäftsentwicklungsindex: Wie hoch waren die Investitionen in das SAM-Programm, die Managementprozesse und die Entwicklung der SAM-Fähigkeiten und -Tools?

Fähigkeiten-Index: Welche Tools hatte das Unternehmen zur Unterstützung von SAM? Wie gut ermöglichten und unterstützten diese Tools und Anwendungen die Planung, das operative Geschäft, das Follow-up, das Knowledge Management und die unternehmensspezifische Weiterbildung?

Interner Kommunikationsindex: Wie gut wurden Ziele, Aufgaben, Rollen und Ergebnisse des SAM-Programms intern dem gesamten Unternehmen vermittelt?

Externer Kommunikationsindex: Wie gut wurden Ziele, Aufgaben, Rollen und Ergebnisse des SAM-Programms extern den Kunden vermittelt?

Danach wurde jeder Index zur Berechnung der unternehmensspezifischen Ergebnisse herangezogen. Jede Frage wurde einer Skala von 1 bis 4 zugeordnet. Die Ergebnisse wurden in Form von Durchschnittswerten auf einem Index präsentiert. Zusätzlich wurden in jedem Index die Aussagen auch einzeln betrachtet, um spezifische Entwicklungsbereiche detailliert festzuhalten.

Allgemeine Ergebnisse und Schlussfolgerungen

Jedes Unternehmen wurde bezüglich der oben beschriebenen Indizes analysiert. Die Resultate wurden nur den teilnehmenden Unternehmen übermittelt und werden deshalb hier nicht vorgestellt. Während die Positionierung half, das aktuelle Niveau von SAM im Vergleich zu den anderen untersuchten Unternehmen zu bestimmen, zeigten die individuellen Resultate für jeden Teilnehmer spezifische Entwicklungsbereiche auf.

Die allgemeinen Ergebnisse zeigen, dass alle Managementaspekte gut gehandhabt wurden. Es gab jedoch eine gewisse Abweichung bei der Managementplanung, was hauptsächlich auf die unterschiedlichen Managementstrukturen in den verschiedenen Branchen und auf die unterschiedlichen Unternehmensgrößen zurückzuführen war.

Die Fähigkeit zur Förderung von SAM und die externe Kommunikation erhielten die schlechteste Bewertung. In der Regel wurde SAM nicht durch Anwendungen unterstützt und die Planungs- und Analysetools waren entweder inexistent oder verfügten nur über die Grundfunktionen. Gleiches galt für die Account-Planung, weshalb die Kundendaten nicht bei jedem Touchpoint verfügbar waren. Der Inhalt des Programms und die daraus resultierende Wertsteigerung für den Kunden wurden nicht eindeutig vermittelt. Spezifisches, eigens für den Einsatz mit strategischen Accounts konzipiertes Marketingmaterial gab es nur sehr selten.

Insgesamt betrachtet waren die SAM-Aktivitäten nicht sehr ausgereift. Das lag hauptsächlich daran, dass SAM ein neues Konzept war und sich dafür noch keine solide Betriebskultur in den Unternehmen herausgebildet hatte. Einige Unternehmen hatten zwar strategische Accounts definiert, besaßen aber kein Programm oder spezifische Angebote für diese. Ferner kam es, ausgelöst durch die unklare Rollenabgrenzung zwischen Account-, Produkt- und Areamanagement, zu vielen internen Turbulenzen. Dennoch sahen alle Unternehmen SAM als weiterzuentwickelnden Bereich, was auch durch ihre Investitionen in den Audit belegt wurde.

Im Laufe unserer kontinuierlichen Zusammenarbeit mit vielen der teilnehmenden Unternehmen konnten wir zunehmende Investitionen in die Entwicklung von SAM-Programmen und -prozessen beobachten. Da immer mehr Unternehmen global expandieren und ihre Entscheidungsfindungsprozesse zentralisieren, wird SAM für alle Zulieferer noch wichtiger werden, um sich Wettbewerbern gegenüber abzusetzen und sich einem direkten Preiskampf zu entziehen.

Um den größtmöglichen Nutzen aus diesem Audit zu ziehen, wurde empfohlen, ihn nach Ablauf einer bestimmten Zeitspanne erneut durchzuführen. Dadurch haben die Unternehmen die Möglichkeit, den Erfolg der nach dem Audit ergriffenen Maßnahmen zu messen.

LITERATUR

Bücher

Conlon, G., Napolitano L. und Pusateri M. (1997): *Unlocking Profits, The Strategic Advantage of Key Account Management,* Chicago: NAMA

Dow, R., Napolitano L. und Pusateri M. (1998): *The Trust Imperative, The Competitive Advantage of Trust-Based Business Relationships,* Chicago: NAMA

Langdon, K. (1995): *Key Accounts Are Different Sales Solutions for Key Account Managers,* London: Financial Times Management

Miller, R., Heiman S. und Tuleja T. (1992): *Successful Large Account Management,* New York: Warner Books

National Account Management Association (1997): *Guidebook for Major Account Management Practices,* Chicago: NAMA

National Account Management Association (1997): 1997 *Survey of National Accounts Management Compensation Practices,* Chicago: NAMA

National Account Management Association (1997): 1997 *Strategic Account Management Innovation Study,* Chicago: NAMA

National Account Management Association (1998): 1998 *Strategic Account Management Innovation Study,* Chicago: NAMA

Managing Customer Relationships. Lessons from the Leaders, Research Report (1998), The Economist Intelligence Unit, London: EIU

Rapp, R. (2000): *Customer Relationship Management,* Frankfurt: Campus Verlag

Sivula, P. (1997): *Competing on Knowledge from Customers: Strategic Perspective on Managing Knowledge-intensive Business Service Firms,* PhD-series in General Management, Nr 29, Rotterdam School of Management

Storbacka, K. (1995): *The Nature of Customer Relationship Profitability – Analysis of Relationship and Customer Bases in Retail Banking,* Swedish School of Economics and Business Administration, Research Reports 55, Helsinki

Artikel

Anderson, J. C. und Narus, J. A. (1998): „Business Marketing: Understand What Customers Value", *Harvard Business Review,* November – December

Bonoma, T. V. (1982): „Major Sales: Who Really Does the Buying?", *Harvard Business Review,* May – June

Dishman, P. und Nitse, P. S. (1998): „National Accounts Revisited – New Lessons from Recent Investigations", *Industrial Marketing Management,* No. 27, 1–9

Kanter, R. M. (1994): „Collaborative Advantage: The Art of Alliances", *Harvard Business Review,* July – August, 96–108

Lambe, C. J. und Spekman, R. E. (1997): „National Account Management: Large Account Selling or Buyer-Supplier Alliance?", *The Journal of Personal Selling & Sales Management,* Vol. 17, No. 4, 61–74

Larson, A. (1992): „Network Dyads in Entrepreneurial Settings: A Study of the Governance of Exchange Relationships",Administrative Science Quarterly, No. 37, 76–104

Millman, T. und Wilson, K. (1998): „Contentious Issues in Key Account Management", *The Journal of Selling & Major Account Management,* Vol. 1, No. 1, July, 27–37

Napolitano, L. (1997): „Customer-Supplier Partnering: A Strategy Whose Time Has Come", *The Journal of Personal Selling & Sales Management,* Vol. 17, No. 4, 1–8

Napolitano, L. (1998): „Keys to Success in Global Customer Management", *NAMA Journal,* Vol. 34, No. 3, Summer, 19–21

Narus, J. A. und Anderson, J. C. (1996): „Rethinking Distribution: Adaptive Channels", *Harvard Business Review,* July – August, 112–120

Parasuraman, A., Berry, L. L., Zeithamy, V. A. (1991): „Understanding Customer Expectations of Service", *Sloan Management Review,* Spring, 39–48

Pardo, C. (1998): „Towards a Typology of Key Accounts in the Industrial Field", *The Journal of Selling & Major Account Management,* Vol.1, No.1, July, 49–57

Pardo, C. (1997): „ Key Account Management in the Business to Business Field: The Key Account's Point of View", *The Journal of Personal Selling & Sales Management,* Vol. 17, No. 4, 17–26

Rottenberger-Murtha, K. J. (1992): "A ,NAM' by Any Other Name", *Sales & Marketing Management,* Vol. 144, No. 151, December, 40–44

Sengupta, S., Krapfel, R. E. und Pusateri, M. A. (1997): „Switching Costs in Key Account Relationships", *The Journal of Personal Selling & Sales Management,* Vol. 17, No.4, 9–16

Sengupta, S., Krapfel, R. E. et al. (1997): „The Strategic Sales Force", *Marketing Management,* Vol. 6, No. 2, summer, 28

Sharma, A. (1997): „Who Prefers Key Account Management Programs? An Investigation of Business Buying Behavior and Buying Firm Characteristics", *The Journal of Personal Selling & Sales Management,* Vol. 17, No. 4, 27–40

Silberman, S. (1996): „Going National", *Sales and Marketing Management,* Vol. 148, No. 8, August, 32

Sivula, P., Van den Bosch, F. A. J. und Elfring, T. (1997): „Competence Building by Incorporating Clients into the Development of a Business Service Firm's Knowledge Base", *Strategic Learning and Knowledge Management,* 121–137, Sance, R. & Heene, A. (eds.), John Wiley & Sons, Ltd.

Stone, M. und Woodcock, N. (1998): „The Role of the Sales Force in Customer Retention", *The Journal of Selling & Major Account Management,* Vol. 1, No. 1, July, 58–70

Webster, F. E.: „Executing the New Marketing Concept", *Marketing Management,* Vol. 3, No. 1, 9–16

Weilbaker, D. C. (1997): „The Evolution of National Account Management: A Literature Perspective", *The Journal of Personal Selling & Sales Management,* Vol. 17, No. 4, 49–60

Wilson, D. T. (1995): „An Integrated Model of Buyer-Seller Relationships", *Journal of the Academy of Marketing Science,* Vol. 23, No. 4, 335–345

Yip, G. S. und Madsen, T. L. (1996): „Global Account Management: The New Frontier in Relationship Marketing", *International Marketing Review,* Vol. 3, No. 3, 24–42

GLOSSAR

Account-Beziehungsmetrik

Die Account-Beziehungsmetrik besteht aus Messungen und Indizes zur Erfolgs-bewertung der strategischen Account-Beziehung. Die Metrik hängt von der eingesetzten Account-Strategie ab und wird auf Grundlage der für den Account festgelegten Ziele entwickelt. Die Metrik wird sowohl zur Messung der Effizienz und Effektivität der Account-Management-Organisation als auch zur Weiterlei-tung von Feedback an den Account eingesetzt.

Account Manager (AM)

Der Account Manager trägt die Verantwortung für die Kundenbeziehung. Er steuert die Account-Planung und die Umsetzung des Plans. Er ist auch für das Follow-up der Support-Prozesse zuständig und trägt die notwendigen Kunden-informationen zusammen.

Account-Management-Team (AMT)

Das Account-Management-Team trägt die Verantwortung für die Abwicklung aller Geschäfte mit dem Account, für die Durchführung von Analysen und die Auswahl strategischer Accounts. Das ATM ist außerdem für die Erarbeitung von Auswahlkrite-rien für Account Manager und die Auswahl von Account Managern zuständig. Das Account-Management-Team trifft die endgültige Entscheidung über die Ressour-cenverteilung auf die einzelnen strategischen Accounts und gibt ein Ziel für die Wert-steigerung vor und plant das Angebot und die Gestaltung der Beziehungsprozesse.

Account-Plan

Der Account-Plan bildet die Plattform für einen normalen Planungszyklus: Ana-lyse und Zielvorgabe, Aktionsplanung, Umsetzung, Follow-up und Metrik. Der Plan sollte sich aus zwei Teilzielen zusammensetzen. Zuerst werden vom Ac-count Manager oder Account-Koordinierungsteam die Ziele für den Planungs-zeitraum festgelegt, dann wird der Aktionsplan entwickelt. Dieser Plan enthält alle für den Planungszeitraum erforderlichen Aktionen.

Account-Strategiepapier

Das Account-Strategiepapier ist das wichtigste Tool des Account-Management-Teams für die Leitung des Account-Planungsprozesses. Das Account-Strategiepapier ist ein Dokument, das den Account-Koordinierungsteams die Ziele des Account-Management-Teams vermittelt und die Grundlage für die Accountpläne bildet.

Account Team (AT)

Bei großen und komplexen Account-Beziehungen sollten Account Teams gebildet werden. Die Hauptaufgabe eines Account Teams ist die Erstellung des Account-Plans. Der Account Manager leitet das Team. Mitarbeiter aus den Bereichen Vertrieb und Support werden in die Arbeit mit einbezogen. Der Programm-Manager kann, falls erforderlich, auch an Meetings teilnehmen. Eine Beteiligung der Kunden ist ebenso möglich.

Angebot

Ein Angebot ist eine Kombination verschiedener Leistungskomponenten, die aus Waren, Serviceleistungen und Informationen bestehen können. Ein Angebot hat einen Preis. Ein wichtiger Punkt bei der Definition von Angeboten für strategische Accounts ist die Preispolitik.

Beziehungsprozess

Jede Kundenbeziehung durchläuft verschiedene Phasen. Zuerst wird sie anvisiert, nach der ersten Bestellung geknüpft, dann gestärkt und schließlich zur loyalen Kundenvertretung ausgebaut. Im Beziehungsprozess werden alle Kommunikationsmittel festgelegt, durch die in den verschiedenen Phasen der Beziehung Kontakt zum Kunden aufgenommen oder gehalten wird. Diese Kommunikationsmittel können sein: Werbung, Online-Dienste wie zum Beispiel Websites und E-Commerce, Direct Mailings, Telefongespräche usw.

Business Process Reengineering (BPR)

Beim BPR kommt es zu einem grundlegenden Überdenken und einer radikalen Restrukturierung der Geschäftsprozesse zur Maximierung der Wertschöpfung. BPR zielt darauf ab, erhebliche Verbesserungen bei entscheidenden, zeitgleich erfolgenden Leistungsbewertungen, wie zum Beispiel Kosten, Qualität, Service und Geschwindigkeit, zu erzielen. Dieser Ansatz kann auf einzelne Prozessabläufe oder die gesamte Organisation angewandt werden.

Customer Relationship Management (CRM)

Der Kerngedanke von CRM ist die Steigerung des Unternehmens- und Kundenwertes durch das systematische Management der existierenden Kunden. Mittels CRM werden bestehende Geschäftspotenziale in bestehenden Kunden identifiziert. Der Fokus liegt dabei zusätzlich zur Produktdifferenzierung vor allem auf der Prozessdifferenzierung. Durch die Analyse der wertschöpfenden Kundenprozesse werden Kunden bei Ihrer Wertschöpfung unterstützt. SAM kann als jener Teilbereich von CRM betrachtet werden, der sich auf die wertvollsten Kunden einer Firma konzentriert.

Data Mining

Data Mining ermöglicht es Unternehmen, die Kundendaten in einer Datenbank zu analysieren. Diese Daten stammen ursprünglich aus Point-of-Sale-Terminals oder anderen Auftragseingangssystemen. Diese Daten können auch Informationen über Gebrauchsmuster und Präferenzen enthalten. Data-Mining-Software wird zur Analyse der Rohdaten genutzt, um versteckte Muster im Kundenverhalten aufzudecken.

Economic Value Added (EVA®)

Der wirtschaftliche Mehrwert („Economic Value Added") wurde von Stern Stewart & Co. entwickelt und als Warenzeichen eingetragen. Er ist eine Weiterentwicklung des auf dem wirtschaftlichen Grundgewinn basierenden Ansatzes. EVA® enthält Anpassungen zur Behebung der Defizite, die mit dem Modell des wirtschaftlichen Grundgewinns zusammenhängen.

Enterprise Resource Planning (ERP)

Enterprise Resource Planning ist eine Sammlung von Softwareprogrammen, die die verschiedenen Bereiche eines Unternehmens (Finanzbuchhaltung, Herstellung, Logistik, Personalmanagement usw.) in einer einzigen Datenbank zusammenfassen. ERP ermöglicht auch Datenanalysen für Produktionsplanung, Verkaufsprognosen, Qualitätsanalysen usw. Typische Bestandteile von ERP sind: Finanzen/Buchhaltung, Herstellungsplanung/Terminplanung, Personalmanagement, Vertriebsmanagement, Auftragsmanagement, Kundeninformationsmanagement, Shop-Floor-Management, Bestandsverwaltung, Beschaffungsmanagement, Produktionskontrolle, Finanzverwaltung und Qualitätsmanagement.

Integrated Voice Response (IVR)

In Call-Centern wird Integrated Voice Response dazu eingesetzt, den Anrufern einen automatischen First-Level-Service zu bieten. IVR ermöglicht dem Anrufer Informationen automatisch abzurufen und zu nutzen. IVR-Systeme verfügen über eine menügesteuerte Software zur Bearbeitung und Weiterleitung von Anrufen.

Kontaktmanagement

Das Kontaktmanagement definiert die Häufigkeit und den Inhalt der Kundenkontakte für alle Personen, die an der Kundenbeziehung beteiligt sind.

Kunden-Partner-Beziehung

Der Begriff Kunden-Partner-Beziehung („Client-Partnering") bezieht sich auf Account-Beziehungen mit Ressourcenteilung, bei denen der Dienstleister eine integrale Rolle spielt. Bei einem Kunden-Partner basiert die Beziehung auf der langfristigen Bereitschaft, sich gemeinsam weiterzuentwickeln und auf ein gemeinsames Ziel hinzuarbeiten. Eine Kunden-Partner-Beziehung lässt sich am besten als Prozess beschreiben, bei dem die Grenzen zwischen Kunde und Dienstleister praktisch verschwinden.

Opportunity Management

Opportunity Management umfasst die Analyse der gegenwärtigen Situation in einer bestehenden Kundenbeziehung und die Ermittlung von Verbesserungsmöglichkeiten und Geschäftschancen. Ferner gehört auch das Reagieren auf neue Entwicklungen und Kundenanfragen mit dazu. Der Prozess des Opportunity Management findet in einem geschlossenen Kreislauf statt, der mit der Bereitstellung systematischer Mittel zur Bearbeitung von Kundenanfragen, die zum Kaufabschluss führen könnten, beginnt. Der Prozess endet, wenn der Kunde die Lieferung bestätigt und die Lösung wie geplant eingesetzt wird.

Outsourcing-Beziehung

Eine Outsourcing-Beziehung ist eine Beziehung zwischen Dienstleister und Kunde auf der Grundlage von Ressourcenteilung und kooperativen Maßnahmen, in der der Dienstleister eine unterstützende Rolle spielt. Beim Outsourcing definiert der Dienstleister in der Regel das Angebot zu einer Dienstleistung um.

Der Dienstleister übernimmt die Ausführung eines bestimmten Kundenvorgangs und bietet die daraus resultierende Serviceleistung auf langfristiger Basis an.

Programm Manager (PM)

Der Programm-Manager ist der Manager des gesamten SAM-Programms. Er ist verantwortlich für die Umsetzung des Programms, die Entwicklung neuer Programmpunkte sowie das kontinuierliche Follow-up bezüglich der Durchführung der Aktivitäten. Der Programm-Manager ist außerdem für die Koordinierung der SAM-Support-Prozesse innerhalb des Unternehmens zuständig.

Sales Force Automation (SFA)

SFA ist ein Anwendungspaket, das die Prozesse der Außendienstmitarbeiter unterstützen soll. SFA-Anwendungen beinhalten Konfigurationen, Angebotsvorschläge sowie Kunden- und Produktinformationen. Diese Anwendungen werden im Allgemeinen auf Laptops installiert.

Schlüsselkundenbeziehung (Key-Account-Beziehung)

Die Schlüsselkundenbeziehung ist eine transaktionsorientierte Account-Beziehung, in der dem Dienstleister eine unterstützende Rolle zukommt. Die Aktivitäten schließen mehr oder minder die Schaffung eines effizienten Verkaufsprozesses für die wichtigsten Kunden mit ein. Es handelt sich dabei meist um volumenstarke Kunden, die nur eine einzige Lösung bzw. einfache Lösungen benötigen. Die Vereinbarungen sind in der Regel kurz- oder mittelfristig orientiert (auch Einmaleinkauf) und erfordern keine komplexen Kontaktmuster. Der Zulieferer in einer Schlüsselkundenbeziehung strebt danach, für den Kunden zum „bevorzugten Zulieferer" oder „Zulieferer erster Wahl" zu werden.

Schlüsselkundenüberprüfung (Key-Client-Überprüfung)

Die Schlüsselkundenüberprüfung wurde von R-Cubed als Tool für zwei Unternehmen, Dienstleister und Kunde, zur Bewertung ihrer Beziehung auf allen Ebenen entwickelt. Das Tool bezieht beide Seiten mit ein und ermöglicht ihnen eine kritische Beurteilung der Beziehung und des Inputs beider Seiten in diese Beziehung.

Strategic Business Unit (SBU)

Die SBU ist die kleinste organisatorische Einheit, für die eine integrierte strategische Planung bezogen auf ein bestimmtes Produkt für einen eng umrissenen Markt durchführbar ist.

Strategisches Account Management (SAM)

Das Hauptziel des strategischen Account Managements ist der Aufbau einer starken Beziehung zur langfristigen Sicherung der Kundenloyalität. Das strategische Account Management ist Teil der Gesamtanstrengungen des Dienstleisters im Rahmen des Customer Relationship Managements. Bei SAM geht es darum, bei strategischen Account-Beziehungen einen proaktiven Ansatz zu verfolgen und zu gewährleisten, dass Unternehmen das gesamte, in einer Beziehung zur Verfügung stehende Potenzial zur Ermittlung von Geschäftschancen für Zusatzgeschäfte einsetzen. Das Resultat sollte sein, dass der Kunde die Beziehung als wertvoll erachtet, weil sie ihn bei seinen eigenen Zielen und Prozessen unterstützt.

Strategische Kundenbeziehung

Die strategische Kundenbeziehung beschreibt eine transaktionsorientierte Account-Beziehung, in der der Dienstleister eine integrale Rolle spielt. Die Rolle des Dienstleisters ist für den Account von strategischer Bedeutung, weshalb dieser in der Regel einen langfristigen Zugang zum Angebot des Dienstleisters sicherstellen möchte.

Zipper®

Der Zipper ist ein von der CRM Group entwickeltes Prozesstool. Die Zipperanalyse beginnt mit der Beschreibung der Kundenprozesse. Basierend auf einer gründlichen Analyse des Kundenprozesses kann der Dienstleister seinen eigenen Prozess zur Unterstützung des Kundenprozesses entwickeln. Zusätzlich können alle Kontaktpunkte zwischen den Prozessen analysiert und gegebenenfalls mit einem zuvor festgelegten Skript begleitet werden.

DIE AUTOREN

Reinhold Rapp promovierte nach einem BWL-Studium in Wuppertal, Köln, Phönix (Arizona) und Enschede (Niederlande) mit dem Abschluss Doktor der Wirtschaftswissenschaften und ist heute Visiting Professor für Relationship Marketing an der Cranfield University/School of Management in England. Er unterrichtet zudem an internationalen Business Schools, unter anderem INSEAD in Fontainebleau, TSM Business School (Niederlande) und dem ZFU Zentrum für Unternehmensführung (Schweiz). Darüber hinaus ist er als Seminarleiter, Referent, Key-Note-Speaker und Berater bei einer Vielzahl von Blue-Chip-Unternehmen tätig.

Reinhold Rapp ist Geschäftsführer der CRM Group in München und im Vorstand der CRM Group in Helsinki. Zuvor war er Leiter des Zielkundenmanagements und Leiter Management- und Organisationsentwicklung der Deutschen Lufthansa und Marketingleiter des USW Universitätsseminars der Wirtschaft, Schloss Gracht.

Er hat umfangreiche Publikationen zum Thema Marketing und Vertrieb insbesondere CRM veröffentlicht, unter anderem das *Handbuch Relationship Marketing*, gemeinsam mit A. Payne (1999) und *Customer Relationship Management*, (2000) sowie eine Vielzahl von Artikeln in Zeitschriften und Büchern.

Seine Kontaktadresse ist: Reinhold.Rapp@crmgroup.com.

Kaj Storbacka promovierte an der Swedish School of Economics and Business Administration in Helsinki zum Doktor der Betriebswirtschaftslehre und erwarb einen Masters-Titel in Ingenieurwesen (Schiffbau) an der Helsinki University of Technology.

Als Managementberater großer skandinavischer Dienstleistungsunternehmen entwickelte er 15 Jahre lang Strategien. In den 80er Jahren war er Mitarbeiter von SMG-Group. Von 1986 bis 1987 war er Leiter des SMG-Forschungsbüros in New York. 1987 wurde er internationaler Partner und Geschäftsführer der SMG-Group-Niederlassung in Helsinki, eine Position, die er bis 1990 bekleidete. 1991 gründete Kaj Storbacka CRM Customer Relationship Management Ltd., ein auf die Entwicklung kundenorientierter Strategien spezialisiertes Beratungsunternehmen. Er war weiterhin einer der Gründer von CRM International, einem Netz von Beratungsunternehmen mit Niederlassungen in Atlanta, Auckland, Frankfurt, Helsinki, London und Stockholm. Zur Zeit ist Dr. Storbacka Chairman der CRM Group.

Kaj Storbacka tritt häufig als Gastredner im Rahmen von internationalen Seminaren großer europäischer Gesellschaften, akademischen Workshops und Veranstaltungen führender Managemententwicklungsinstitute auf. Er ist Autor vieler Forschungsberichte zum Thema Marketing und hat ferner einige Artikel und Arbeitspapiere über Beziehungsmarketing und Servicemanagement sowie mehrere Bücher über Beziehungsmanagement verfasst, von denen eines in Skandinavien einen Preis als bestes Wirtschaftsbuch 1994–97 bekam.

Seine Kontaktadresse ist: Kaj.Storbacka@crmgroup.com.

Kari Kaario erwarb einen Master-of-Science-Titel in internationaler Unternehmensführung und Wirtschaftswissenschaft an der Helsinki School of Economics and Business Administration.

Als Kari Kaario 1998 Senior Vice-President der CRM Group in Helsinki wurde, hatte er bereits 13 Jahre für IBM gearbeitet. Er bekleidete mehrere Vertriebs- und Marketingpositionen sowohl in Finnland als auch international. Ab 1993 konzentrierte sich Kari Kaario zunehmend auf das Management von Kundenbeziehungen und entwickelte für IBM neue Strategien im Bereich Direktmarketing. Sein letzter Aufgabenbereich beinhaltete auch eine Projektmanagementposition in Atlanta. Dabei konzentrierte er sich vor allem auf die Entwicklung neuer Strategien für IBM zur Nutzung von Call-Centern und Internet beim Beziehungsmanagement.

Während seiner Tätigkeit für CRM Helsinki arbeitete Kari Kaario mit nationalen wie auch internationalen Kunden an der Entwicklung von Beziehungsstrategien, Kundenloyalitätsprogrammen, Internetstrategien und in jüngster Vergangenheit SAM-Programmen. Kari Kaario hat mehrere Präsentationen in Managemententwicklungsinstituten und bei internen Managementseminaren für führende skandinavische Unternehmen gehalten.

Seine Kontaktadresse ist: Kari.Kaario@crmgroup.com.

Professionelles Vertriebsmanagement

Der CRM-Baukasten für Praktiker

Die richtigen Kunden mit dem richtigen Angebot zur richtigen Zeit über den richtigen Kanal in zufriedenstellender Weise zu bedienen gehört zu den heutigen Herausforderungen von Unternehmen. Das Buch bietet ein Modulsystem für die tägliche Arbeit mit Checklisten und praktischen Tipps für die sofortige Anwendung. Es wird abgerundet durch zwei Zukunftsszenarien aus Touristik und Versicherungswirtschaft.

Harry Wessling
Aktive Kundenbeziehungen mit CRM
Strategien, Praxismodule und Szenarien
2001. 213 S. Geb. € 42,00
ISBN 3-409-11693-1

Das neue Marketing

Der Autor zeigt in diesem Buch die neuen Disziplinen und Marketingkonzepte auf: Marketing in Echtzeit, Kundenbeziehungsmarketing, Multi-Channel-Marketing, Solution-Marketing, Netzwerk-Marketing. Er weist aber zugleich auf die Gefahren hin, die entstehen, wenn in Unternehmen der Pfad eines strategischen Marketing verlassen wird.

Dirk Schneider
Marketing 2.0
Absatzstrategien für turbulente Zeiten
2001. 247 S. Geb. € 37,00
ISBN 3-409-11848-9

Das richtige CRM-System für Ihren Wettbewerbsvorsprung

Dieser fundierte Leitfaden mit einem detailliertem Projekt-Stufenplan gibt Antwort auf die Frage: Welches CRM-System passt zu meinem Unternehmen?

„Schwetz zeigt in seinem Buch die Möglichkeiten der sich rasant entwickelnden Softwarelösungen und gibt Tipps für ihre Anwendung. Ein Praxis-Buch für Entscheider, das sich sehr spannend liest."
Trade & Contact, Nov./Dez. 2000

Wolfgang Schwetz
Customer Relationship Management
Mit dem richtigen CRM-System Kundenbeziehungen erfolgreich gestalten
2. Aufl. 2001. ca. 256 S.
Geb. ca. € 47,00
ISBN 3-409-29568-2

Änderungen vorbehalten. Stand: November 2001.
Erhalten im Buchhandel oder beim Verlag.

Gabler Verlag · Abraham-Lincoln-Str. 46 · 65189 Wiesbaden · www.gabler.de

GABLER

Kunden gewinnen und binden

Kunden – nicht überreden, sondern motiveren!

Es hat keinen Sinn, Kunden mit überkommenen Verkaufsmethoden zum Kauf zu drängen. Josh Gordons Vision – Kunden zum Kauf zu motivieren – ist keine graue Theorie. Er hat die neuen Ideen in einem lebendigen und praxisorientierten Buch zusammengefasst.

Josh Gordon
Die Macht des Kunden – und wie Sie ihn trotzdem kriegen
17 Wege zur langfristigen Partnerschaft
2001. 256 S. Geb. € 37,00
ISBN 3-409-11839-X

Erfolgreich in den Vertrieb einsteigen

Das Buch richtet sich an Vertriebseinsteiger – auch aus nicht-kaufmännischen Bereichen, die sich den Herausforderungen des modernen Vertriebs stellen wollen. Auch für Vertriebler mit Berufserfahrung eine gewinnbringende Lektüre! Mit nützlichen Checklisten und einem Glossar zu den wichtigsten betriebswirtschaftlichen Begriffen.

Martin Maas
Praxiswissen Vertrieb
Berufseinstieg, Tagesgeschäft und Erfolgsstrategien
2001. 195 S. Geb. € 32,00
ISBN 3-409-11776-8

Komplexe Produkte und Dienstleistungen erfolgreich verkaufen!

Das Buch führt in sechs logischen Schritten vor, wie es gelingt, im Business-to-Business-Bereich langfristige Kontakte aufzubauen und Umsätze dauerhaft zu steigern.

„Wir empfehlen es (...) als Begleitbuch für unsere Vertriebsseminare."
Joachim Neuerburg,
Geschäftsführer VDI-Bildungswerk GmbH

Brad Cleveland, Julia Mayben, Günter Greff
Call Center Management
Leitfaden für Aufbau, Organisation und Führung von Teleservicecentern
1998. 267 S. Geb.
DM 134,00 / € 67,00
ISBN 3-409-19570-X

Änderungen vorbehalten. Stand: November 2001.
Erhältlich im Buchhandel oder beim Verlag.

Gabler Verlag · Abraham-Lincoln-Str. 46 · 65189 Wiesbaden · www.gabler.de

GABLER